曹林娣　沈铭　◎　著

走读中国古典园林　曹林娣　丛书主编

艺圃　环秀山庄

中国电力出版社
CHINA ELECTRIC POWER PRESS

内 容 提 要

中国古典园林是承载中华文化神韵的靓丽名片，具有无可替代的历史文化价值。苏州园林更是古典园林的精华，中华文化经典，世界文化瑰宝。艺圃园内一亩方塘，山水相宜，园境清旷简练，方寸间意味无穷，极具历史价值与艺术价值；环秀山庄的大假山宛若天成，是中国古典园林叠山艺术的巅峰。

本书以纸上走读园林的形式展开，按文化解读划分景区空间概念，以实地游览路线为导向，串联整座园林，极具参考价值。

图书在版编目（CIP）数据

走读中国古典园林. 艺圃 环秀山庄 / 曹林娣丛书主编；曹林娣，沈铭著. —北京：中国电力出版社，2024.5

ISBN 978-7-5198-8754-4

Ⅰ.①走…　Ⅱ.①曹…②沈…　Ⅲ.①古典园林—介绍—苏州　Ⅳ.①K928.73

中国国家版本馆 CIP 数据核字（2024）第 064016 号

出版发行：中国电力出版社
地　　址：北京市东城区北京站西街 19 号（邮政编码 100005）
网　　址：http：//www.cepp.sgcc.com.cn
责任编辑：曹　巍　（010-63412609）
责任校对：黄　蓓　郝军燕
装帧设计：王红柳
责任印制：杨晓东

印　　刷：北京盛通印刷股份有限公司
版　　次：2024 年 5 月第一版
印　　次：2024 年 5 月北京第一次印刷
开　　本：880 毫米 ×1230 毫米　32 开本
印　　张：5.375
字　　数：150 千字
定　　价：48.00 元

艺圃

数朝遗韵 惟德是馨

冯婉静 摄影

白瑶 摄影

王莉衡 摄影

序章

艺圃位于苏州阊门内文衙弄 5 号，是明清鼎革之际苏州著名宅园。

艺圃占地仅 5.7 亩，其中山水园约占 4 亩。简朴的大门里住过三代以德高才显著称于明末政坛的园主："其始，则有袁副使绳之（袁祖庚）以高蹈闻于前；其次，则有文文肃公（文震孟）父子以刚方义烈著于后；今贞毅先生（姜垛）复用先朝名谏官悠游卒岁乎此，而其两子则以读书好士、风流尔雅者绍其绪而光大之……"（清汪琬《艺圃记》）艺圃成为苏州园林中唯一以园主盛名而著称的园林。

艺圃初创于明礼科副使学宪袁祖庚（1519—1590）。袁祖庚，字绳之，长洲（今江苏苏州）阳山人。据《吴县志》记载，袁祖庚于嘉靖庚子中举，次年考取辛丑科（1541）进士。授绍兴府推官，"以精严用法为名"，民间誉为"袁青天"。后逐步升精膳司员外郎，再升郎中。曾任荆州知府、浙江按察司副使。他为官清正廉洁，极有才能和远大的政治抱负。在任荆州知府前，当地的土族藩王以狡悍而闻名于各郡州，前任地方官吏只能躲在城外寺庙办公。袁祖庚到任后，"能先修百姓之急，以驯服悍王"，使荆州风清气正，人民安居乐业。史书称赞他为"自德靖以来太守的卓异称者惟一人而已"！袁祖庚升任浙江按察司副使后，带兵在温州、仙居（台州仙居县）一带抗倭，曾与参将戚继光一同在浙江磐石大胜倭寇。不料因其部下金事王德私自外出、被倭寇杀害之事遭受牵连，受一小吏诬告，先降级，后于明嘉靖三十七年（1558）被朝廷罢官，削职为民，时年 41 岁，故好友徐学谟惋惜他"未得尽究其用"。

袁祖庚所建宅园，筑堂名"醉颖"。"颖"者，原指带芒的谷穗，后引申为锥芒，喻指才能出众。前冠以"醉"，盖指掩藏真相，与"颖脱""颖露"相反，寓隐逸韬晦之意。遂与当时名流袁抑之等人诗酒流连，陶醉其中。好友徐学谟比喻他"然则世之梦梦者常以醒为醉，而佼佼者反以醉而为醒，而公之自逃于酒也。"可见，以"醉颖"名堂，既有对自身才能的肯定又有对现实遭际的无奈。时门楣颜"城市山林",意思是"非独不求仕宦也,亦不求必入山林"(清姜埰《颐圃记》)。园林面貌如何,未见记载。

醉颖堂传到袁氏第二代主人袁孝思。孝思曾官上林苑监署丞,管理皇帝的御花园、畜牧场与菜圃。孝思后,醉颖堂逐渐凋敝。

文震孟『药圃』

　　明万历四十八年（1620），园归南宋爱国诗人文天祥的后裔、文徵明曾孙文震孟（1574—1636）所有，乃是在"公未第之时"（清归庄《跋姜给谏匾额后》），此时震孟为秀才。

　　文震孟长相"生而奇伟，眉棱上指，目光射人，与世所传文信国像无异"（清徐枋《文震孟墓志铭》），居然酷似文天祥，亦颇具正直之相。其像今在沧浪亭五百名贤祠中，像上有评价曰："吴中三孟，文位最隆。绳愆（qiān）纠缪，古大臣风。"吴中三孟指文震孟、姚孟希和顾宗孟。

　　文震孟"恬泊无他嗜好，而最深山水缘""家居惟与子弟谈榷艺文，品题法书名画、金石鼎彝，位置香茗几案亭馆花木，以存门风雅事"（《姑苏名贤续记》）。文震孟酷爱《楚辞》，颇有自比屈原之意。其得园后，对业已废圮的园林略加修葺，易名为药圃。"药"，《楚辞》中指香草白芷（zhǐ），清幽高洁，寓脱俗之意。文氏于此，写诗作画，修身养志，"书迹遍天下，一时碑牒署额与待诏（曾祖文徵明）埒（liè）"。

　　明天启二年（1622），文震孟第十次会试中一举夺魁，成为状元，授翰林

文震孟石刻像（沧浪亭五百名贤祠）

院修撰。历任翰林侍读、左中允、日讲官。曾为天启（熹宗）、崇祯（思宗）两帝讲筵，就是为帝王讲经论史的御前讲席，由于他学识渊博，讲学认真，受到皇帝的嘉奖。

当时，魏忠贤把持朝政，独揽大权，斥逐大臣，滥施刑罚。明史载"震孟刚方贞介，有古大臣风"，生性耿直的文震孟数次上书皇上，其中在《勤政讲学疏》中有如下激烈的言辞：

> 陛下昧爽临朝，寒暑靡辍，政非不勤，然鸿胪引奏，跪拜起立，如傀儡登场已耳。请按祖宗制，唱六部六科，则六部六科以次白事，纠弹敷奏，陛下与辅弼大臣面裁决焉。

意思是说，虽然皇帝按时上朝，从不迟到早退，可不过就是一具傀儡，被人操纵。这奏章落到阉党手里，魏忠贤"屏不即奏。乘帝观剧，摘疏中'傀儡登场'语，谓比帝于偶人，不杀无以示天下，帝颔之"，竟然要对文震孟廷杖八十。后因朝臣们的大力救护方免除了廷杖，仅被贬秩调外而已。

文震孟是东林党中坚，回到苏州后，他与姻亲、吏部侍郎周顺昌、外甥（姐子）翰林院编修姚希孟（第三代东林党领导人物）纵论国事。姚希孟与文震孟为甥舅，又是同学，并持清议，遇大事多相互讨论，声望很高。

姚希孟石刻像上评价是："孟长令誉，酷似其舅。清议并持，如杓（同'勺'）依斗。"用"如杓依斗"形容甥舅两人的关系。北斗七星形成一把长柄勺子的样子，因名"斗"，古人将斗柄位置的三颗星称为"杓"，"杓"依"斗"而存在。

天启六年（1626）发生了锦衣卫到苏州抓周顺昌和苏州市民反抗魏党的斗争、五义士慷慨就义之事。次年崇祯帝即位，魏党被惩处，苏州人一夜拆毁了魏氏生祠，改建为五人墓。文震孟带头捐银并为撰写《五人义助疏碑》。

崇祯元年（1628），文震孟应召进京，充日讲官，又遭到魏忠贤遗党的排挤。他借出京的机会，归隐于家。崇祯五年（1632）再召进京，擢（zhuó，提拔）为太子官属左庶子，进少詹事，总管东宫内外庶务。又擢为礼部左侍郎兼东阁大学士（副宰相），但不到三个月，因与首辅温体仁不协，第三次被劾落职，于崇祯九年（1636）罢官返苏。不久，姚希孟忧愤而死，文震孟竟恸哭气绝，15天后逝世于药圃。

姚希孟石刻像（沧浪亭五百名贤祠）

药圃"犹诸生时所居，未尝拓地一弓，建屋一椽"（清汪琬《文文肃公传》），文震孟所住药圃，还是他当初为秀才时的规模，没有扩大也没有建造房屋。保存了"醉颖堂"时期写意山水园的特色。《文氏族谱续集》据《雁门家采》载：

> 中有生云墅、世纶堂，堂前广庭，庭前大池五亩许。池南垒石为五狮峰，高二丈。池中有六角亭名"浴碧"。堂之石为青瑶屿，庭植五柳，大可数围，尚有猛省斋、石经堂、凝远斋、岩扉。

生云墅，顾名思义为石峰边草屋，古传山中云气与峰峦相碰击，吐出云来。或指险峰。世纶堂为五亩广池边的主厅。池南有高二丈的五狮峰，池中为六角亭"浴碧"。世纶堂右为青瑶屿，"瑶"本指美玉，青瑶屿就是青色的美玉般的岛屿，庭植五棵高大的柳树，以追慕陶渊明（五柳先生）的风采，风雅可掬。青瑶屿是文震孟读书的地方，在此，他写了《药圃诗稿》。明崇祯年间《吴县志》称其"文阁学震孟宅在宝林寺东北，中有世纶堂，前为药圃，垒山池，构石经堂、青瑶屿。林木交映，为西城最胜"。

文震孟去世后，长子文秉于明亡后隐居天池山竺坞，自号竺坞遗民，曾与徐枋、周茂兰、黄宗羲等反清复明之士在灵岩山纵谈七天七夜。

次子文乘过继给其三弟文震亨。文震亨（1585—1645）比文震孟小 11 岁，长身玉立，所到必窗明几净、扫地焚香，水木清华，自己在苏州高师巷筑园香草垞（chá），与其兄药圃相去不远，并都以香草名园。他书画咸有家风，山水韵格兼胜。著有《长物志》十二卷，分室庐、花木、水石、禽鱼、书画、几榻、器具、衣饰、舟车、位置、蔬果、香茗十二类。长（zhàng）物，原意为没有多余之物，形容生活简朴，取《世说新语》中王恭语，王恭把惟一竹席送给王枕，"恭作人无长物"，意为做人简朴，没有多余之物。此指身外之物，饥不可食、寒不可衣者。然则凡闲适玩好之事，自古就有雅俗之分，长物者，文公谓之"入品"，实乃雅人之致。凡园之营造、闲适玩好之事，物之选用摆放，纤悉毕具；所言收藏赏鉴诸法，亦具有条理。其曰长物，为传世之作。并著有《香草诗选》《仪老园记》《金门录》《文生小草》等。

文震亨在明亡后先投水未死，后绝食而亡，捐生殉国，节概炳然。

文乘是周顺昌的女婿，顺治三年（1646）参加反清义军，被捕入狱，他说："不敢辱我父，愿受死。"妻子周氏也殉于旁。文乘之子因"家门破败，身无立锥"，投灵岩山弘储座下出家。另一孙文坤嗜赌，荡尽其产，老贫无嗣。

文震亨次子文果也投灵岩山削发为僧。自此，园日荒芜。明末清初"兵燹之后，即世纶堂、石经阁皆荡然，惟古柳四五枝则数十年物"（清姜埰《疏柳亭记》）。

文震亨像

長物志卷一

明 文震亨 撰

室廬

居山水間者爲上村居次之郊居又次之吾儕縱不能棲巖止谷追綺園之踪而混跡廛市要須門庭雅潔室廬清靚亭臺具曠士之懷齋閣有幽人之致又當種佳木怪籜金石圖書令居之者忘老寓之者忘歸遊之者忘倦蘊隆則颯然而寒凜冽則煥然而燠若徒侈土木尚丹堊眞同桎梏樊檻而已志室廬第一

門

用木爲格以湘妃竹橫斜釘之或四或二不可用六兩傍用板

三勿卷一

《长物志》书影

姜垺「敬亭山房」颐圃

清顺治十七年（1660），文震孟姻亲周茂兰邀请明崇祯进士山东莱阳姜垺（cǎi，古同"采"）（1607—1673）侨寓药圃之中。清汪琬《姜氏艺圃记》："前给事中莱阳姜贞毅先生之侨寓也。"清魏禧在《敬亭山房记》中亦载："转徙浙东，久之侨吴门。"侨寓，指侨居、寄居。"姜垺侨寓于周顺昌之子周茂兰弟兄的药圃，初，花园更名敬亭山房"（清张松斋《采风类记》卷三）。

姜垺与其弟姜垓，时称"两姜先生"，姜氏家族皆志节高尚，素有忠义之风，姜垺更因反对阉党而"直节拜杖，名震天下"。明末清初吴伟业曾有写两兄弟的《东莱行》诗，其中有：

　　　君家兄弟俱承恩，感时危涕长安门。
　　　侍中叩阁数强谏，上书对仗弹平津。
　　　天颜不怪要人看，叩恳捉头捽下殿。
　　　中旨传呼赤棒来，血裹朝衫路人看。
　　　爱弟弃官相追从，避兵尽室来江东。
　　　……

吴中沧浪亭五百名贤祠对姜垺有如下评价："直言极谏，严气正性。薶（同'埋'）骨敬亭，不忘君命。"

《明史》卷一四六卷《姜垺传》有详细记载。姜垺在崇祯四年（1631）进士起家为令，崇祯十四年（1641）调京任礼部仪制司主事，翌年升礼科给事中，五个月中上疏三十条皆被采纳。以直言著称，声绩颇佳。如山阳武举陈启新徇私纳贿，骄横渎职。因陈启新谗言媚上，先后有 5 人对其劣迹进行弹劾，崇祯皇帝不仅不听，反将陈启新擢史科给事中，历兵科给事中，甚至还将弹劾者王聚奎夺去御史职务，满朝文武噤若寒蝉，敢怒不敢言。唯独姜埰不怕，挺身而出，力劾陈启新

姜埰画像

不忠不孝、大奸大诈，崇祯帝无奈，采纳了姜埰意见，遂削陈启新籍，追赃拟罪。

周延儒（1593—1644）是明朝末年的政治家、状元。史称他再次为首辅时广引清流，言路亦蜂起论事。明朝建立了历史上最为完善的监察制度与组织机构，并由此形成了一个十分独特的言官群体。总人数一般保持在 200 人左右，为历代之最。言官的职责是监察中央与地方百官，以匡人君，方式主要是谏诤封驳、审核诏令章奏。朝廷上反对言官者制造了"二十四气"之说，指朝士中有二十四人结党，直达御前，意图借此谣言打击言官。《明史·姜埰传》：

→ 帝适下诏戒谕百官，责言路尤至。埰疑帝已入其说，乃上言：陛下视言官重，故责之严。如圣谕云："代人规卸，为人出缺"者，臣敢谓无其事。然陛下何所见而云？倘如二十四气蜚语，此必大奸巨憝（duì），恐言者不利己，而思以中之，激至尊之怒，箝言官之口，人皆暗默，谁与陛下言天下事者？"

姜埰认为，言官不一定没有私心，但皇上不可以此讨厌、不重视言官，咄咄逼人。而这年，内则李自成横扫河南，大破襄阳，张献忠转战江北，连克名城；外则清兵大败明军于松山，为明廷倚为最后一根支柱的洪承畴成了俘虏。姜埰上疏就是去辟"二十四气"之谣，为言官辩解，似乎不合时宜，且"反覆诘难，若深疑于帝者，帝遂大怒，曰：'埰敢诘问诏旨，藐玩特甚。'"立下诏狱考讯。时行人熊开元因弹劾首辅周延儒亦下锦衣卫。

明廷以酷刑闻名，如剥皮揎草、油炸生剐，廷杖是明朝"一道特色菜"，崇祯把姜、熊二人下到北镇抚司大狱里。"帝怒两人甚，密旨下卫帅骆养性，令潜毙之狱"，锦衣卫骆养性不敢执行密旨秘密处死两人，把崇祯的密旨偷偷告诉了几位大臣。于是都御史刘宗周上殿力争，崇祯大怒，便将其削职为民，赶出朝廷。金都御史金光宸奏保刘宗周，崇祯认为他们狼狈为奸，欺君罔上，立刻夺职除籍。接着兵部侍郎、都给事中也上殿为姜、熊二人说情，崇祯总算给了个"面子"，收回密旨。

但姜、熊二人"并杖一百。埰已死，埰弟垓口溺灌之，乃复苏，仍系刑部狱"，姜埰被打得昏死过去，是弟弟姜垓嘴对嘴灌了尿液救醒的。

《明史·列传》卷一百四十六载："垓，字如须，崇祯十三年进士。授行人。埰下狱，垓尽力营护。后闻乡邑破，父殉难，一门死者二十余人。垓请代兄系，释埰归葬，不许。"

所以，吴中沧浪亭五百名贤祠评价他们："莱阳二姜，弟实从兄。友恭之谊，百世同倾。"

《明史》称："明年秋，大疫，命诸囚出外收保。埰、开元出，即谒谢宾客。帝以语刑部尚书张忻，忻惧，复禁之狱。十七年二

姜垓

月始释埰，戍宣州卫。将赴戍所而都城陷。"

直到明朝灭亡的那年春天，李闯王快打到畿辅了，崇祯帝才在大臣的要求下，将两人释放出狱。崇祯帝降旨把姜埰流放到宣州做戍卒，他还没有赶到，明朝就亡了，当他听到崇祯帝吊死的消息之后，捶胸顿足，血以继泪，哭得昏死过去。"福王立，遇赦，起故官"。

1644年9月，姜埰初次寓苏州，住上津桥吴宅。翌年阮大铖欲抓姜氏兄弟，《明史》载："初，埰为行人，见署中题名碑，崔呈秀、阮大铖与魏大中并列，立拜疏请去二人名。及大铖得志，滋欲杀埰甚。埰乃变姓名，逃之宁波。国亡乃解。"兄弟避往钱塘（今杭州），又移居天台（今台州天台县）。

1647年，姜埰亡命徽州，削发于黄山，后终身改僧装，两年后客真州，名借居之屋为'芦花草堂'，取抗元英雄文天祥"满地芦花和我老"诗意。

清顺治十六年（1659）夏到苏州。姜埰说崇祯帝主观上也"锐于为治"，不再记恨，并执着地把自己与敬亭山联系起来，自号敬亭山人、宣州老兵，名文集为《敬亭集》。《明史》载："且死，语其二子曰：'吾奉先帝命戍宣州，死必葬我敬亭之麓。'二子如其言。"表示要执行崇祯帝的圣命，以表明自己的气节。清归庄《敬亭山房记》言："先生绝无怨，对君父之心，国亡之后，犹不忘戍所，以敬亭为号"。清魏禧《敬亭山房记》亦记载："敬亭者，宣城之山也。盖先生以直言忤旨，廷杖、诏免死，戍宣州卫，未几，国变。……曰：我宣州一老卒，君恩免死之地，死不敢忘遂以敬亭榜其堂。"

忠孝是帝王专制时代社会意识形态的核心，也是维系专制王朝统治的精神支柱。姜埰的忠孝事迹，得到清朝廷的大力褒扬以证明崇祯帝之昏庸，更获得明朝的遗老遗少的推崇，姜埰在明末清初的百余年间，成为广大民众崇拜的英烈榜样。

归庄《敬亭山房记》曰："若天池亭花石之胜，不过文氏之旧观"，有药圃，古柳四五棵，姜遂于柳边座草堂三楹，颜曰"疏柳"，纪念文氏。建堂称东莱草堂，房称敬亭山房。

清康熙十一年（1672），姜垓在废为马厩的世纶堂地基上架屋五楹，称念祖堂。改园名为颐圃，姜垓在《颐圃记》中解释道："在《易经》之'颐'曰贞吉，自求口实'。夫求诸己而不求于人……"意思是，"颐"卦，守正道吉祥。看人家吃东西，不如自己谋求食物。只有坚守正道才能获得吉祥；观察颐养的具体情况，靠自己的力量来求取食物。

姜垓请归庄复书"城市山林"额，姜垓《颐圃记》标题下有小字"后复改名艺圃"。姜垓《敬亭集》中有诗名《艺圃》："画角江城北，青莲古寺西。晴川孤鹜下，杂木乱峰迷。野望频敷席，山行但杖藜。竹关终日掩，无事此幽栖。"艺圃的"艺"，亦作"蓺""藝"，意思是种植。《诗经·唐风·鸨羽》："王事靡盬（gǔ），不能蓺稷黍。"明宋濂《清风亭记》："乃于堂之西偏，艺竹数万竿。"

清初汪琬《姜氏艺圃记》对建筑有总介绍：

→ "吾吴郡治西北隅，固商贾阛阓（huán huì）之区，尘嚣湫隘（jiāo ài），居者苦之。而兹圃介其间，特以胜著。圃之中，为堂、为轩者各三，为楼为阁者各二，为斋、为窝、为居、为廊、为山房、为池馆、村砦（zhài，同'寨'，通'柴'）、亭台、略彴（zhuó）之属者各居其一。"

园景描述如下：

→ 予尝取其大凡，则方广而渺漫者，莫如池；逦迤而深蔚者，莫如村；高明而敞达者，莫如山颠之台；曲折而工丽者，莫如仲子肄业之馆若轩。
至于奇花珍卉，幽泉怪石，相与庵蔼乎几席之下；百岁之藤，千章之木，干霄架壑；林栖之鸟，水宿之禽，朝吟夕晴，相与错杂乎室庐之旁。或登于高而揽云物之美，或俯于深而窥浮泳之乐，来游者往往耳目疲乎应接，而手足倦乎扳历，其胜诚不可以一二计。

汪琬《艺圃后记》中记载景点甚详：

一　艺圃，纵横凡若干步，甫入门而径，有桐数十本。桐尽，得重屋三楹间，曰"延光阁"。稍进，则曰"东莱草堂"，圃之主人延见宾客之所也。主人世居与莱阳，虽侨吴中，而犹存其颜，示不忘也。逾堂而右，曰"饾饤（bó tū）斋"。折而左，方池二亩许，莲荷蒲柳之属甚茂。面池为屋五楹间，曰"念祖堂"，主人岁时伏腊、祭祀燕享之所也。堂之前为广庭。左穴垣而入，曰"旸谷书堂"，曰"爱莲窝"，主人伯子讲学之所也。堂之后，曰"四时读书乐楼"，曰"香草居"，则仲子之故塾也。由堂庑迤而右，曰"敬亭山房"，主人盖尝以谏官言事谪戍宣城，虽未行，及其老而追念君恩，故取宣之山以志也。馆曰"红鹅"，轩曰"六松"，又皆仲子读书行我之所也。轩曰："改过"，阁曰"绣佛"，则在山房之北。廊曰"响月"，则又在其西。横三折板于池上，为略彴以行，曰"度香桥"。桥之南则南村、"鹤砦"皆聚焉。中间垒土为山，登其巅，稍夷曰"朝爽台"。山麓水涯，群峰十数，最高与"念祖堂"相向者曰"垂云峰"。有亭直"爱莲窝"者曰"乳鱼亭"。山之西南，主人尝植枣数株，翼之以轩，曰"思嗜"，伯子构之，以思其亲者也。今伯子与其弟，又将除"改过轩"之侧，筑重屋以藏弆（jǔ）主人遗集，曰"谏草楼"，方鸠工而未落也。

姜垓与龚鼎孳、吴伟业等人友善，时相来往，后辈姜安节、姜实节、姜寓节都住艺圃，效法父辈的坚贞卓行，终生不事科举，惟读书艺文会客，分别著有《永思堂诗钞》《焚馀草》《白云集》等。

姜垓父子誓不事清的刚烈风范，为艺圃带来了更多的荣誉，艺圃成为易代之际大明遗民聚会之所，四方骚人墨士，声气相投，在此论书、对诗、作画："马蹄车辙，日夜到门，高贤胜境，交相为重，何惑乎四方骚人墨客乐于形诸咏歌、见之图绘、讫二十余年而顾益盛欤……"（汪琬《姜氏艺圃记》）清初六家之一的大诗人施国章、宋琬，古文三大家之二汪琬、魏禧，清初四王画家之一的王翚、大学者毛奇龄、黄宗羲、大名士归庄等，皆彼时一流人物。

明艺圃复原示总图（孟琳绘）

七襄公所

　　姜埰死后归葬，长子回安徽守墓，次子隐居虎丘。艺圃持续到康熙三十五年（1696），园林为苏州商人吴斌（1663—1744）所得，晚年家道逐渐中落。清道光三年（1823），园归吴氏同族吴传熊（1777—1827），重修葺艺圃，园内水池荷花成为一景，不久家道败落，道光十九年（1839）迁徙他乡。

　　苏州丝绸同业会在商人胡寿康和张如松的牵头下，集资购得此园，成立苏州丝绸同业会所，取《诗经·小雅·大东》："跂彼织女，终日七襄"之意，意为看那天上的织女，一天七次行路忙。《诗经》中的"织女"，是天上的纺织之神。故更其名为"七襄公所"，后重加修葺，"乃疏池倍山，堂轩楼馆亭台略约之属，悉复旧观。补植卉木，岭梅沼莲，花实蕃茂。"（清杨文荪《七襄公所记》）较之姜氏艺圃规模有所缩小，仍较今之艺圃大。

　　太平天国军队据苏期间，园林为听王陈炳文的王府，陈炳文从湖南移植湘莲名品并蒂莲于水池中。民国初期，公所经济不支，房屋陆续出租为民宅（今文衙弄5号、7号）。苏州沦陷时，园一度被日伪当局占用，亭榭坍塌，莲花憔损。民国三十五年至民国三十六年春，园被青树中学借用，厅堂俱充教室。

　　中华人民共和国成立后，先后为苏州市工商联第五办事处、苏昆剧团、越剧团、沪剧团、桃花坞木刻年画社及民间工艺社使用，厅堂曾用作托儿所、车间和仓库。住宅散为二十余户民居。20世纪六七十年代时，假山下挖防空洞，湖石峰被烧制石灰，水池被垃圾填塞大半，榭阁倒塌，荷莲绝种。

1982 年，苏州市政府对艺圃进行了多次系统修复，园林逐渐重现"城市山林"旧貌，诚如园中博雅堂何芳洲对联所称："名园复旧观，林泉雅集，赢得佳宾来胜地；堂庑存遗制，花木扶疏，好凭美景颂新天。"凤凰涅槃，较多地保存了建园初期"水木明瑟，庭宇清旷"的规制，具有明代江南园林风貌，有较高的历史文化和艺术价值。

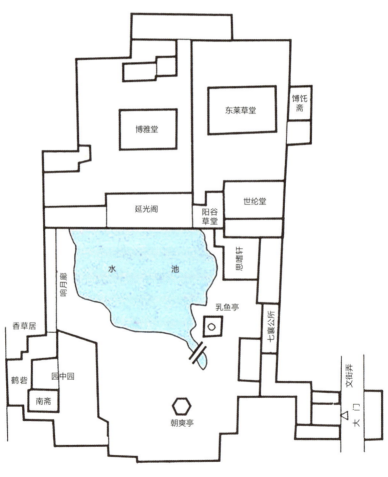

今艺圃平面图

寻园

阊门

艺圃"其地为姑苏城之西北偏，去阊门不数百武，阛阓之冲折而入杳冥之墟。地广十亩，屋宇绝少，荒烟废沼，疏柳杂木，不大可观。故吴中士大夫往往不乐居此，惟贩夫庸卒编草为室"（清姜埰《颐圃记》）。至今仍保持着"隔断城西市语哗，幽栖绝似野人家"（清汪琬《再题姜氏艺圃》）"地偏为胜"的特色。

而阊门是典型的"市语哗"所在。其为是阖闾大城水陆八城门之一，位于苏州古城西北，气通阊阖风，上有城楼。唐陆广微《吴地记》云："孔子登山，望东吴阊门叹曰：'吴门有白气如练。'""阊门势嵯峨，飞阁跨通波"（晋陆机《乐府诗》）。明唐寅歌曰："世间乐土是吴中，中有阊门更擅雄；翠袖三千楼上下，黄金百万水西东。"（《唐寅全集》之《阊门即事》）清曹雪芹《红楼梦》称阊门"最是红尘中一二等富贵风流之地"。

阊门

吴趋坊
文衙弄

皋桥下的吴趋坊原为苏州古坊之一。坊之得名，源于古代吴人歌唱吴地风情之《吴趋曲》，晋陆机《吴趋行》有"楚妃且勿叹，齐娥且莫讴，四座并清听，听我歌吴趋"，吴趋遂成坊名。吴趋坊旧时为城内最喧闹处，元宵灯会、四月十四轧（gá）神仙、七月半、十月朝的迎神庙会等，吴趋坊为必经之地，苏州有"吴趋坊看会——老等"的谚语。

找到艺圃需要"寻寻觅觅"。从吴趋坊小街朝南走一段路，折西进入文衙弄，据说，文衙弄之名，源于文震孟宅园所在，南起宝林寺前，北至天库前。进文衙弄西行，两旁一律苏式老民居，墙门里飘出吴侬软语，生活的烟火气很浓，直到文衙弄5号，方见到艺圃东向大门。

吴趋坊西口的文衙弄

入口

照壁

　　艺圃大门前有雁翅形即八字形照壁紧贴东墙，作为正对大门的屏障，藏风聚气，以别内外，并增加威严和肃静的气氛。同时围成一个空间，给人回旋的余地，成为进大门之前停放车轿之地。姚承祖《营造法原》载：照壁墙"托浑起线以上做抛枋，上出飞砖至瓦口，屋顶上作硬山，筑纹头、哺鸡脊。"

照壁

大门

　　艺圃大门面东，挂谭以文书"艺圃"门额，门厅三间，可称"门庭雅洁，室庐清靓"。门厅前对景为天井中的花木园林小品，大门如框景，清雅可人。

门厅及框景

门厅西有天井，天井南设置世界文化遗产青铜标志牌。

天井右侧为弹石斗方小径，径旁栽书带草，由于书带草出山东淄川县汉大儒郑康成读书处，成为最具书卷气的草。两侧院墙高达3米，墙壁上有凌霄花垂，拐角处墙角点缀石笋、天竹小品。

世界文化遗产碑

入口曲径小品

公所
七襄

　　"曲径门深迹未荒"，顺小径右转折北数十米有一过街屋，屋檐下悬挂书法家崔护在辛巳（2001）春月篆书的"七襄公所"匾额。

　　东侧墙面上镶嵌着黑色大理石刻，为苏州市人民政府所题的《艺圃重修记》。过街屋西侧有门可通达花园，北侧进入住宅区。

过街屋匾额

住宅区

住宅区位于园东北，南北走向，三进院落，分别是世纶堂、东莱草堂和楼厅。

前厅世纪堂

从北小径前行 8 米许，见前厅门楼。门楼门额"经纶化育"为清道光癸卯（1843）夏日郭丰所书。两扇大门，以青砖装饰，每块青砖四角用铁钉铆在门上，防火防盗。

"经纶化育"取《中庸》："为能经纶天下之大经，立天下之大本，知天地之化育"之缩语。儒学的中庸之道，在于修养人性

面南门额"经纶化育"

达到至善、至仁、至诚、至道、至德、至圣、合外内之道的理想人物。唯有天下至诚之人，才能统理天下常道，树立天下的根本，赞助天地化育为物；这样就可以与天和地并列为三了。

门楼屋脊为哺鸡脊，鸡面上饰以牡丹及云雷纹，莲花垂柱，虚实相映，也是主人"出淤泥而不染"人格的写照。

面北门额"执义秉德"

"执义秉德"带有治家道德格言性质，也是园主的道德写照："执义"，坚持合理的、该做的事。《诗经·曹风·鸤鸠》："淑人君子，其仪一兮"。汉郑玄笺："仪，义也。善人君子其执义当如一也。"言"守道坚固，执义不回，临大节而不可夺"（《汉书·贾捐之传》）。"秉德"，保持美德。

门楼后有约 60 平方米的天井。天井后为前厅世纶堂，系姜氏延光阁故址。建筑面积 67 平方米，面阔三间，进深 6.9 米。主梁由轩梁和月梁组成，柱与梁交接处饰有枫拱，硬山式，哺鸡脊。

今悬"世纶堂"额，谓世掌丝纶之堂。文震孟曾祖文徵明 54 岁时，曾由苏州巡抚李克成推举为贡生，到北京参加吏部考试，取为优等，授职翰林院待诏。待诏之职，执掌内朝起草诏书，曾参加编写《武宗实录》。《礼记·缁衣》云："王言如丝，其出如纶。"郑玄注："言言出弥大也。"孔颖达疏："王言初出，微细如丝，及其出行于外，言更渐大，如似纶也。"后因称帝王之言为"丝言"，并用作诏书的代称。所以后来中书省皇帝草拟诏旨，称为掌丝纶。文震孟在明天启二年（1622）殿试第一，授修撰之职，后官至礼部左侍郎兼东阁大学士，故父子或祖孙相继在中书省任职的称为世掌丝纶。唐杜甫《奉和贾至舍人早朝大明宫》云："欲知世掌丝纶美，池上于今有凤毛。"堂名"世纶"，有文氏家宅特色。

堂匾条桌上陈设宝瓶、插屏和供石，象征永远平平安安、家业稳固。

世纶堂

主厅
东莱草堂

　　主厅前天井门上置砖雕门楼，题砖额"刚健中正"。"刚健中正"，赞美袁、文、姜三代园主都具有的松柏之劲节，他们在明末政坛上均以正直不阿著称于世。敢于直谏、铁骨铮铮。但装饰物却又多世俗色彩：上枋横幅为花枝连绵美丽富贵的牡丹花。中枋两端各饰团形夔（kuí）龙图案，下枋饰"夔龙捧寿"，夔龙为传说中的一足龙形动物。特别引人注目的是正脊脊饰两端塑寿桃

刚健中正

和石榴，象征多寿多子。

"榴开百子"意谓"百子同室"，即百子同在一家族之内。同室亦名百室，《诗经·周颂·良耜》："其比如栉，以开百室"。《汉郑玄笺》："百室，一族也。"宋朱熹《集传》："百室，一族之人也。""日射血珠将滴地，风翻火焰欲烧人"，石榴素茎、翠叶、火红的花朵，煞是惹人喜爱。"半含笑里清冰齿，忽绽吟边古锦囊"，十房同膜，千子如一，其美好寓意不知拨动了多少人的心。

天井长 14 米，宽 7 米，两侧由石条筑成八角形树坛，各栽一株白玉兰。

草堂前庭园两株白玉兰

　　井后为主体建筑东莱草堂，由吴敔木书额。姜埰为山东莱阳人，故名"东莱草堂"，以寓怀乡之情。

　　东莱草堂是住宅部分最大、最豪华的正厅，面阔三间，宽14.2米，进深五桁11米。梁架由轩梁和月梁构成，月梁上饰有山雾云雕，梁与柱连接处装饰四对枫拱，柱脚为青石鼓墩，下垫方形金山石。厅堂南部18扇长窗。

　　堂内悬对联："松下论文诸贤乐耳；砚边挥笔数老陶然。"《二十四诗品》有："筑室松下，脱帽看诗"，形象地描写疏野之人生活极为率真自然，无拘无束。"长松下当有清风耳"，听松风自陶弘景开始，向来是文人及诸位贤士们喜爱的风雅之事。砚边挥豪作文、吟诗作赋，都能让德高望重的老者陶然共忘机。对联描写的贤士硕老，颇有名士风范。

　　堂中西南角有一古井，井水清澈、甘甜，石井圈，石井盖。旧时苏州民居建筑内掘井较常见，除了用水之便外，室内井水能起到冬暖夏凉、调节湿度的作用。"井"与"进"也谐音取吉。对此井，还有井先于堂或主人八字缺水等多种猜测。

东莱草堂

饽饦（bó tuō）斋，是位于东莱草堂东的厢房，占地面积 61 平方米，上下两层，面阔 6.5 米，进深六架屋 7.1 米，硬山式。

饽饦斋为主人读书处。饽，吃饭；《方言》第十三："饼谓之饦。"北魏贾思勰《齐民要术·饼法》："饽饦，挼如大指许，二寸一断，著水盆中浸。宜以手向盆旁，挼使极薄，皆急火逐沸熟煮。非直光白可爱，亦自滑美殊常。"清潘荣陛《帝京岁时纪胜·元旦》："猪肉馒首，江米糕，黄黍饦。"山东人姜埰取最爱吃的"饽饦"为书房名，视读书如吃饭一样也是人生第一需要。宋范纯仁《谪永州寄人书》言："此中每日闭门餐饦，不知身之在远"，也有效法之意。

斋内窗户为书条形，陈设简朴古雅。

西厢房现为到达堂后住宅楼的另一通道。

饽饦斋

住宅楼
四形

东莱草堂后为住宅楼，楼南小天井前也有简朴的石库门，进门有哺鸡脊墙门。

天井东西窄，南北长，住宅楼呈凹形，楼厅东西两端向南延伸和主厅东莱草堂相连接，凹形主楼向内围合了小庭院，充满自然气息，形成良好的气场，因此，被称为居家生活的福地。

楼厅前墙门

凹形楼西侧

凹形楼东侧

山水区

艺圃山水园位于住宅西，建筑皆围池而建，山石绕池而筑，取法自然，山水交融，林木葱茏，园景开朗。

今艺圃山水园的一池清水，约占全园面积的五分之一，面积约1亩，仅为文震孟药圃的五分之一、姜氏艺圃的二分之一，形状略呈方直，但水面处理以"小则聚"为原则。

仅在东南角和西南角弹出水湾各一，并于水口之上各架形制不同的低平曲折的石桥。贴水而过的石板桥不设栏杆。

如东南角的池水于乳鱼亭的东南汇成一泓小池，池上架平弧形小石板拱桥，名乳鱼桥。小石板由六块弧形的花岗石组成，内三块石板为修复时从池中捞出的明代原物。为苏州园林内孤例。

乳鱼桥

西南角"浴鸥"门北侧池面上卧一三曲桥，人行其上，如凌波踏步，桥名"渡香"，桥下池中有荷花，夏日荷花飘香，"香"主要指荷花香，"香"称"渡"，将"香"拟人化，引发出浪漫的遐思。清汪琬《艺圃十咏·度香桥》有诗曰："红栏与白版，掩映沧浪上。两岸柳阴多，中流荷气爽。村居水之南，屣步每独往。"写出了此中韵味。

如此，则形成广池巨浸和曲折幽深的对比，丰富水面层次。

池岸除北端为水榭驳岸外，其余池岸皆低平，均曲屈自然，而池面则因近旁为低小建筑而益觉开朗辽阔，以此衬托池水大，加之临水绝壁，辟有石径，使山水过渡舒缓，增加了水面的浩渺和绵延不尽的意境。运用对比与衬托的手法，与网师园彩霞池手

渡香桥

法有异曲同工之妙。

　　水池底有一口水井，深 8 米，直径 1.6 米，利用地下水来调节水源和水质，通过排水道与园外的下水道沟通，遂有"烟波浩渺，霏雨空蒙，三万顷湖裁一角"的意境。

一池清水

（池）
（北）

池北建筑有博雅堂、延光阁、旸谷书堂和思敬居。

博雅堂

"博雅堂"为园中主厅，厅屋面阔五间，硬山造，九架，梁五柱前卷式，扁作大梁。梁架因断面短小致使屋面坡度平缓。梁架皆为月梁，堂的月梁上有明代的山雾云雕，四只步柱脚下埋有复盆，上加扁圆木鼓，柱上均装饰纱帽，故俗称纱帽厅。轮廓挺秀，斜项平缓，梁垫、插木、山雾云雕刻玲珑剔透。插木外形四周带圆形，雕刻工整，为明代常见做法。厅中柱基为"青石阶沿，覆盆木鼓"，均是典型的明式建筑特征。堂内宏敞质朴，陈设古朴典雅。

博雅堂

此堂为文氏世纶堂旧址，姜氏时又名念祖堂，取《诗经·大雅·文王》："王之荩臣，无念尔祖。无念尔祖，聿修厥德。永言配命，自求多福。"之意，本谓王所进用之臣，后引申指忠诚之臣。"勿忘"，不要忘记你的先祖。清黄宗羲作《念祖堂记》："念祖堂者，卿墅先生之居也。先生家莱阳，侨寓吴门，不忘其本，故名堂以识之。……斯堂也，为文文肃歌哭之所，……天下之兴亡，系于一堂。"（民国《吴县志》三十九卷上）。亦寓不忘亡明之意。如堂内王西野撰句、吴进贤书联语所说："艺圃溯流风，旧屿青瑶留胜迹；敬亭传韵事，故家乔木仰名贤。"

今名博雅堂为吴斌取东汉王逸《楚辞章句·招隐士·序》："昔淮南王安博雅好古，招怀天下俊伟之士。自八公之徒，咸慕其德而归其仁，各竭才智"意。庭柱悬抱柱对两副，屏门挂著名书画家的中堂、对联、立轴，陈设典雅。

此堂原来面临水池，远对山石，程可达篆书抱柱联形容："博

牡丹花坛

雅腾声数杰，烟波浩淼，浴鸥晴晖，三万顷湖裁一角；艺圃蜚誉全吴，霁雨空蒙，乳鱼朝爽，七十二峰剪片山。"一池碧水，几叶荷花，满院春光，盈亭皓月，风光旖旎。

今堂前庭院有牡丹花坛，又有玲珑剔透的湖石。

博雅堂前池北岸的延光阁与两侧附房，也形成了水池的北岸线，平直开阔，略显单调，但有利于从建筑内部毫无遮隔地感受对面的天然画境，形成独具一格的艺术效果。

延光阁与两侧附房

延光阁

延光阁取自姜埰艺圃时期二层阁名。今为五开间，两侧则与池水东西两面的厢房相连，为苏州园林中最大的水榭，架于池水之上。阁南窗框成为一个个取景框，唯见水光潋滟、湖石假山、假山巅六角亭"朝爽亭"、绝壁危径、葱茏古木，悉收眼底，确实是春风秋露总怡神：晴日阳光灿烂，天光云影波光，皆入阁内；月色皎洁的晚上，月光盈阁，在此品香茗、读诗书、赏山水、看游鱼，真可"养性延寿，与自然齐光"（魏晋阮籍《大人先生传》）。延光亦有承袭前人的荣誉、留传美名之意。汉扬雄《长杨赋》："延光于将来，比荣乎往号。"南朝梁江淹《始安王拜征虏将军丹阳尹章》："借以毓采上霄，搏华中汉，饮惠延光，偭爵假息。"

据清康熙年间王石谷绘《艺圃图》，池北无水榭，仅为平台，西为敬亭山房（今已不存）。水榭应该是七襄公所进行商会活动的地方，今为茶室。

从延光阁内赏池南美景

思敬居

　　延光阁之西为七襄公所增建的思敬堂，有程可达书额及苏州国画院专职画家杜重划1984年画的《思敬居图》。

　　据清光绪元年（1875）所立的《悯烈碑记》记载：此屋为纪念在咸丰十年（1860）男女数百人为避辱而自杀所建。那年粤贼（实际上指太平天国的军队）攻进苏州，居民数百人逃匿于此，贼骑入，数百人走投无路，甘就一死，清官方"惜其姓名湮没，既不得援建祠之例以达于朝官斯土者，又不为阐幽隐而表彰之。数百年后，无复识此间衬有毅魄贞魂"，为阐扬见危授命之节烈，在池侧筑室，春秋致祭。

思敬居

延光阁东侧附房为旸（yáng）谷书堂。四架屋，硬山造，卷棚顶。旸谷，神话传说中太阳神所居之地，亦作汤谷。古人传说太阳早晨从东方的旸谷出发，晚上落入西方的禺谷。一天之内，从东端，中经天穹，进入西极，有几十万里路程。旸，日出。据《列子·汤问》："夸父不自量，欲追日影，逐之于隅谷之际。"夸父渴死之地应为隅谷。隅谷，日落之地。

书堂当是接受第一缕阳光之处。姜埰长子姜安节时讲学时有此室名，今沿用旧名。

旸谷书堂

（池）（东）

池东有爱莲窝、乳鱼亭、思嗜轩。

爱
莲
窝

　　从旸谷书堂折南，便到了面池而筑的爱莲窝。昔为姜垛长子姜安节讲学之所。

　　夏天荷花映日红之时，坐在这里欣赏荷花，清风拂面，荷香益清，十分惬意。题额反映了对出淤泥而不染的莲花的一种特殊的感情，用宋周敦颐《爱莲说》一文。周作于庐山脚下的濂溪书堂又名爱莲书堂，实际上含有追求高洁人格的意义。

　　"艺圃池莲一往表清逸"（《拙政园文衡山手植古藤歌》），艺圃池莲叠见歌咏，可见当时池莲之盛：20世纪50年代陈任有《艺圃

爱莲窝

观荷》诗，历史上池中曾植有白花重瓣湘莲、花色娇艳的小桃红，以及罕见的荷花品种四面观音莲，即一枝花梗的顶端四朵荷花并蒂开放，似众星捧月，花色艳丽而雅洁不俗。又有太平军自湖南带来的千瓣重台白莲，曾称苏城莲花之冠。

汪琬《艺圃十咏·度香桥》称："两岸柳阴多，中流荷气爽"，人渡池上桥，满溢荷花香。乳鱼亭有"池中香暗度；亭外风徐来"的对联。原思嗜轩内有集清鉴湖女侠秋瑾的《白莲》诗联："朦胧池畔讶堆雪；淡泊风前有异香。"写池畔白莲的朦胧之美：在月色朦胧的夜晚，水池边惊讶地看到白如堆雪的簇簇莲花；在烟笼雾罩的清晨，清风飘来了淡淡的异香，"莫是仙娥坠玉珰，宵来幻出水云乡""国色由来兮素面，佳人原不借浓妆"，白莲之美全凭本色。此情此景，确能涤胸洗肠，使"居之者忘忧，寓之者忘归，游之者忘倦了"。此亦沿用旧名。

池中荷莲

乳鱼亭

池东南乳鱼亭，三面临水，略突出池岸，亭柱间有美人靠，是凭靠观赏游鱼的佳处。"乳鱼"即幼鱼，池中红鲤鱼悠然浅翔，"碧流滟方塘，俯槛得幽趣。无风莲叶摇，知有游鳞聚。翡翠忽成双，撇波来复去。"（清汪琬《艺圃十咏·乳鱼亭》）。"幽人知鱼乐""宛有江湖意"（清王士祯《艺圃杂咏》），有庄子濠梁观鱼之深蕴。

乳鱼亭古朴雅致，该亭为四角亭，临池一面中间没有立柱，亭内四根搭角梁皆为月梁，梁上置斗，支承角梁，角梁根有坐斗承托天花。其余三面均有两根立柱。嫩戗很短，提栈平缓，小葫芦形亭顶。亭外有小径与各处相通。

亭有抱柱联："荷淑傍山浴鹤；石桥浮水乳鱼。"荷花池傍靠着假山，池中鹤鸟游弋，池边假山葱茏，一派山野气息。

乳鱼亭

　　建筑学家刘敦桢《苏州古典园林》称，尤其斗拱形式和彩绘为典型的明式风格。乳鱼亭在桁枋、搭角梁、天花等处均有明草龙彩绘痕迹。潮湿的南方，彩绘很难留存，向来有"南雕北绘"之称，所以，明留彩绘就分外珍贵。

　　乳鱼亭旁，有柳树、梧桐各一株。柳树，令人想起文震孟药圃青瑶屿的五柳和姜垛的"疏柳"，象征了"五柳先生"陶渊明的高风亮节；梧桐也让人联想到元倪云林清閟阁的梧桐，含有高洁之意。

草龙彩绘

亭边柳

思嗜轩

乳鱼亭东南有一附房，今名思嗜轩。清姚承绪《艺圃》："后为莱阳姜给谏侨寓，更名敬亭山房，中有枣树数株。其子安节筑室，名思嗜轩。"

思嗜轩，即其子思念先父嗜好红枣之轩。枣，甘甜而心赤，园主姜埰酷爱枣树，生前曾在园里种植几棵枣树，表白自己对明朝廷、国家的赤胆忠心。余思复赠诗有："中有伤心树，维昔黄门公。上书蒙谪戍，种此赤心果，于焉情所寓。"

轩侧枣树

姜垓长子安节为寄托对父亲的怀念之情，特构筑此轩并以"思嗜"名之。并写诗描述其心志曰："簇簇轩前枣，攀条陟岵时。开花青眼对，结实赤心期。似枣甘风味，如瓜系梦思。只今存手泽，回首动深悲。""果落馀空枝，肠摧无尽时。敬亭山下墓，重引泪如丝。"真是"昔日怡老颜，今日悲肠断"，孝子要"抚柯坠双泪"了。不过，思念之中，也含有"永怀嗜枣志"之意。

原思嗜轩筑在园之西南角，清初徐崧《百城烟水》中以"思嗜轩"设目，并附有施闰章、汪琬等诗人的作品，可见此轩之地位。

原轩旁筑有藏书楼，名谏草楼，是姜垓的儿子安节和实节为珍藏其父亲的遗集而筑的，今已不存。吴期远曾画《谏草楼图》。清范来宗题诗曰："古木周遭上拂云，高楼百尺倚斜曛。黄门封事依然在，有草何曾劫后焚。血洒丹墀命似丝，珍遗残墨数行垂。千秋同调杨忠愍（mǐn），疏稿流传日下祠。"

思嗜轩

假山

　　从乳鱼亭有数条登山之路，或经弧形的乳鱼桥南行入山林区，或沿危石盘折而上，或入怪洞隐遁而去。

　　原假山是以平远山水画意以土堆成，临水之处，则以湖石叠成悬岸峭壁和危径，部分湖石伸入池内，堆成岛屿。洞壑曲折多变，垂云峰屹立池畔，"兹峰洵云奇，本自太湖选。位置小山间，亭亭似孤巘（yán）"。清王士禛《垂云峰》："具区三万顷，奇峰

上山石径

七十二。割取一片云，虎牙自红锐。飒然山雨来，咫尺流云气。"是体现平远意境的"平冈小坂"式的明风土山，是明末清初造园叠山大师张南垣的风格。《明史·张南垣传》称张南垣平冈小坂、陵阜陂陁（tuó），缭以短垣，翳以密筱，方塘石洫，易以曲岸回沙，邃闼（tà）雕楹，改为青扉白屋，树取其不雕者，松杉桧栝，杂植成林；石取其易致者，太湖尧峰，随宜布置，有林泉之美，无登顿之劳。接近自然。

由于此山在 20 世纪六七十年代毁坏较重，部分山石被烧做石灰，山下挖有防空洞，因此"在后来的维修中被篡改为一片石山了"（杨鸿勋《苏州园林甲天下》）。

刘敦桢先生认为："此山用石不多，但石径、洞壑曲折，富有变化。可是石块堆叠稍嫌琐碎，又因背光而立，石壁缺乏阴影变化，显得平板而少层次。"（刘敦桢《苏州古典园林》）现在用的是巢湖的石头，是个遗憾。

假山

　　此种以池水、石径、绝壁相结合的手法，取法自然而又力求超越自然，"也见于环秀山庄、网师园等处，是明清间苏州常用的叠山理水方式。"（刘敦桢《苏州古典园林》）

　　假山顶有一棵古老苍劲的白皮松，还有朴树、瓜子黄杨等，林木茂密。山石嶙峋，蝉噪鸟鸣，愈见林深山幽；涧水深深潜流而出，两岸绝壁夹峙，形成深邃的峡谷；危径、池水、绝壁三者互为衬托，通过艺术处理，再现自然山水的精华。假山为园内各观赏点的视觉中心，似一横轴山水画卷展现在人们面前，与中部水景形成了一幽一畅、一密一疏、一高耸一低平的对比关系。隔水与北部的建筑相对立和呼应。

朝爽亭

假山顶部原为朝爽台，清王士禛《艺圃杂咏·朝爽台》诗曰："崇台面吴山，山色喜无恙；朝爽与夕霏，氤氲非一状；想见柱笏时，心在飞鸟上。"

今建成六角亭，置于主山峰之后，通过树林隐约露出亭顶，加深了空间距离感，与疏密有致的小山竹相生相息，颇具山林野趣。在亭上可观明月泻池，水流荡漾，并能闻到荷花的清香，"山黛层峦登朝爽；水流泻月品荷香"，令人赏心悦目。

"朝爽"用的是南朝宋刘义庆《世说新语·简傲》："王子猷作桓车骑参军，桓谓王曰：'卿在府久，比当相料理。'初不答，直高视，以手板拄颊云：'西山朝来，致有爽气。'"也见《晋书·王徽之传》："西山朝来致有爽气耳！"指人性格疏傲，不善奉迎隐居者的闲情逸致。

山林景区为园内各观赏点的视觉中心，登亭可俯览全园景色，似一横轴山水画卷展现在人们面前，诚如苏州沧浪诗社何芳洲撰亭联所说："漫步沐朝阳，满园春光堪入画；登临迎爽气，一池秋水总宜诗。"

建筑与园林学家张家骥在《中国造园艺术史》中说，"此园空间设计比较单调，绕池一周，纵目可尽，却可于池北远望此处，山石嶙刚，树木葱郁，给人以奇秀之美、山林之趣，成为园中的主要对景，此园重在可望、可居。"

朝爽亭

响月廊

　　池西为一南北走向的敞开的长廊，一侧傍墙，一侧临水，长约15米，名响月廊。廊中建一半亭，亭后置花石园艺小品，半亭将其分为南北两段，既改变了池岸的平直和围墙的呆板，又丰富了墙面内容。"响月"即"享月"，廊位于池西，五行属金，对应秋，月色最美。将"月色"这一静态之物，用动态的"响"字称之，运用的是通感的修辞手法，把视觉和听觉沟通起来了，与把"闻香"化作"听香"有异曲同工之妙。在此可以"扫地坐焚香，心迹两幽绝"（清王士禛《艺圃杂咏》）。

响月廊

"回廊何窈窕，所忻夜景清。澹澹露华织，迢迢汉影横。"（清汪琬《响月廊》），当"月白烟清水暗流，孤猿衔恨叫中秋"（唐杜牧《猿》）之时，在此廊可尽情地观赏水光山色，享受皎洁的月色，池边香樟、紫薇、箬竹、芝麻花以及漏窗内的芭蕉、蜡梅、慈孝竹等亦可尽受眼底，景色优美，环境宁静。

响月廊半亭上有对联："踏月寻诗临碧沼；披裘入画步琼山。"描写了踏着明月，在碧水滢滢的池边寻觅诗句；冬日则披着裘衣，漫步在长廊，看池边假山，被雪花打扮成琼山玉树，一片银白，登上这晶莹澄澈的世界，犹作画中游。

廊内半亭置金砖方台一张。金砖，是专供皇宫铺地的方砖，一称"京砖"，每一块金砖的历炼烧制，需要近两年才能完成。所以，每块砖上都烧制了年代、产地、规格、督造官、监造官、制作工匠、窑号等款号，以备察验。该金砖的侧刻铭文："光绪十八年成造细料二尺二寸见方金砖，督造官江南苏州府知府，监造官苏州府照磨杨锡年，馀窑陈肇源造。"这块金砖搁在方桌上，既当桌面，也作为特殊的文物供游客欣赏。

响月廊半亭对联

园中园

浴鸥池

　　从响月廊南端沿池至池西南，"度香桥下稳鸥眠"，即见圆洞门，严格来说应称"地穴"门。按照《营造法原》记载："苏南凡走廊园庭之墙垣，辟有门宕，而不装门户者，谓之'地穴'。"门宕上方镌砖额"浴鸥"。"地穴"门下方平，架一由粗糙的石条横卧而成的石桥，不设石栏，别具天然情趣，桥下枕着一条南北狭长的以小石径、太湖石围成一个小池，由隔墙大池沟通，配以二峰湖石，即浴鸥池，入门见水之法，在苏州园林中尚属孤例。

　　小院以高达6米的粉墙和外界分隔，粉墙上爬山虎、薜荔攀缘。池周散置湖石，白墙前植有天竺、榔榆、探春、桂花、结香、蜡梅、凌霄、鸡爪槭等花木，显得玲珑窈窕，僻静宁谧，构成园中最小的山池风景，蜗庐成趣，堪称妙构。

　　汪琬在《浴鸥池》诗中描写道："积泉澄不流，白鸟泛空阔。眇眇苹蓼（liǎo）中，数点明如雪。更有两鸳鸯，飞来共成列。"古人用鸥鸟翔翔水面，比喻生活的悠闲自在。这里是园内最僻静处。寓园主以隐居自乐，不以世事为怀的情愫。

浴鸥门

浴鸥小院原为姜氏"南村"一景，"数亩清漪乔晚风，南村村口水濛濛"，清汪琬《艺圃十咏·南村》："望望路转深，延缘篱落静。熏风亭午来，竹树散清影。微袅一缕烟，有人方煮茗。"清初宋荦有诗咏之："墟里何莽苍，火烟疑谷口。疏林带茅茨，空山对户牖。缅彼荷锄翁，春风事南亩。"竹篱茅舍的村舍风貌。也许因为唐杜甫写有《江村》诗："自去自来堂上燕，相亲相近水上鸥。"才将小池与"浴鸥"联系起来。浴鸥小院南侧靠墙有石径可以登上东面大假山。

浴鸥池

上假山的石径

芹庐

浴鸥池西南，辟圆洞门与其他景区相隔而又相连，圆洞门门宕砖额"芹庐"。芹，即芹藻。典出《诗经·鲁颂·泮水》："思乐泮水，薄采其芹……思乐泮水，薄采其藻。"古代国家高等学校叫泮（pàn）宫，出自《礼记·王制》："大学在郊，天子曰辟雍，诸侯曰泮宫。"泮水是泮宫半圆形的水池，所以，后世即以芹藻比喻有才学之士，简称"芹"；庐，即居室。南朝梁江淹《奏记南徐州新安王》："淹幼乏乡曲之誉，长匮芹庐之德。"芹庐旧时是姜埰次子姜实节学习的地方。

进入芹庐圆洞门，是一座幽静的院落，为平面呈凹字形的对照厅，为两座大小形式相同、南北对称的小厅，并用走廊和院落围成小院，每间面积不足 20 平方米，中有小庭，叠湖石花台。两厅之中的白墙上也设有圆洞门。

芹庐

南斋

南小厅名南斋，就是南书房，三开间，室内书房布置，明式桌椅，苏式家具是明式家具的正宗，造型优美，选材考究，制作精细。散发出传统文化的精神、气质、神韵。

墙上挂着一幅山居图，十分清幽，真是："僻处西南静不哗，宜书宜画竞相夸。妍荣枝叶窗前绿，一片秋声入影斜。"

南斋

香草居

北小厅名香草居。香草，本指含芬吐芳之草，如《楚辞》中大量出现的兰芷、荔、蕙兰、杜若、杜蘅等。自《楚辞》以来，人们都以香草喻忠良之人，香草居，即忠良之居。汉王逸《离骚序》云：“《离骚》之文，依《诗经》取兴，引类譬喻，故善鸟香草，以配忠贞。”唐王维《春过贺遂员外药园》：“香草为君子，名花是长卿。”用香草喻指君子，谓品德高尚的人，以风流倜傥的司马相如比喻名花。

香草居内书架、书桌和椅子都为明式家具，简素典雅。

原来在香草居旁有一座“四时读书楼”，今已经不存。

香草居与响月廊相连。

香草居

鹤砦

　　鹤砦为南斋与香草居两座对照厅西的小厅。鹤砦亦袭旧名，额仿唐王维在辋川别业中所筑的鹿砦。"砦"通"柴"，指栅栏、篱落。鹤，好栖于山泉野林，不群居，超俗不凡。闲逸而优雅，深得文人雅士喜爱，也颇合古代君子隐逸风尚，几乎成为山林嘉遁、市隐幽人的化身，因而鹤又象征着清高的君子之风，往往成为隐士自由人格的化身。

　　原药圃内饲鹤，文震孟堂侄文柟（nán，同"楠"）《药圃·孤鹤》中有"霜清常独鸣""羁离望霄汉"等句。清汪苕咏鹤诗曰："临流一顾步，瘦影恨分明。月白不双照，霜清常独鸣。羁离望霄汉，寂寞傍轩楹。不觉怀俦侣，因之伤我情。"（乾隆《吴县志》卷一百零九）王士禛《艺圃杂咏·鹤砦》："长身两君子，宛与孤松映。三叠素琴张，一声远山静。嘹唳月明时，风前杂清听。"

　　"芹庐"重复运用了多重圆洞门，犹如"多重"帘幕，使小空间有了"庭园深深""帘幕无重数"的层次感。

　　鹤砦后天井有门，直通园外的十间廊屋小巷。

鹤砦

尾声

艺圃保留了闹中取静、先抑后扬、渐入佳境的入口处理；园内一亩方塘，山水相宜，池岸低平，水面集中，获得水光潋滟、山色空濛的艺术效果；园境清旷简练，力求于闭塞中求敞，疏密开阖、方寸间意味无穷；木构建筑尺度粗壮，书条心仔长短窗，屋坡平缓，稳重壮实，自然朴质，构成了一首"闲适古诗"。

刘敦桢先生称其"有相当的历史价值与艺术价值"（刘敦桢《苏州古典园林》）！

"夫美不自美，因人而彰。兰亭也，不遭右军，则清湍修竹，芜没于空山矣。"（唐柳宗元《邕州柳中丞作马退山茅亭记》）艺圃三代主人"时穷节乃见，一一垂丹青"的人格魅力，是艺圃在苏州诸园中独具的人文价值。

环秀山庄

天然画本 山中李杜

王震杰 摄影

序章

晋景德寺

　　据宋朱长文《吴郡图经续记·园第》记载，此地称白华里，原为东晋丞相王导的孙子、中领军王洽之子王珣（349—400）及其弟王珉（351—388）住宅，东晋咸安二年（372），兄弟舍宅，法云和尚建景德寺，具有相当规模，寺内有塔。图文并载于南宋著名石刻《平江图》上。

　　王珣，字元琳，小字法护，琅邪郡临沂县（今山东省临沂市）人。东晋时期大臣、书法家。初任大司马（桓温）主簿、累迁琅邪王友、中军（桓冲）长史、给事黄门侍郎。累迁左仆射、征虏将军，领太子詹事。迁尚书令。加位散骑常侍。后因病解职。享年52岁。获赠车骑将军、开府仪同三司，谥号"献穆"，累赠司徒。王珣工于书法，尤善行书，其家三世以能书闻名。书法笔致清秀，潇洒古澹，结体宽博，意态飘逸，被明人董其昌称为"东晋风流，宛然在眼"。其代表作《伯远帖》是晋代流传至今

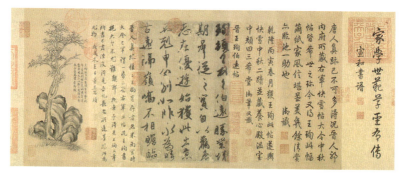

东晋王珣《伯远帖》

极珍贵的少数真迹之一，清乾隆帝誉其为"三希"之一。有文集十一卷，今已佚。《晋书》《艺文类聚》辑录有其文。

其弟王珉，字季琰，小字僧弥，晋代书法家、医学家、文学家、大臣。少有才艺，善行书，后历任著作散骑郎、国子博士、黄门侍郎。后代王献之与其齐名，世称献之为"大令"，其为"小令"。太元十三年（388），王珉去世，享年38岁。王珉著有《行书状》一篇行世，传有刻本《十八日》《何如》《欲出》《此年》等帖。撰有医学书籍《疗伤寒身验方》一卷，已佚。《晋书》卷六五有传。明王鏊《姑苏志》卷三十："王珣宅，在日华里，今景德寺也……"，白华里，又称日华里。据此可知，自晋宋至明中叶，此地一直为景德寺址。

学道书院
王鏊祠堂
兵备道署

明永乐二年（1404），重建景德寺，姚广孝有记，但宗教气息渐被淡化，屋宇用作开设学道书院。明嘉靖二年（1523）寺废。嘉靖十一年（1532），南侧部分寺基改建为苏州东山人、大学士王鏊（谥号文恪）的祠堂，沿袭至今。今王鏊祠位于环秀山庄花园南，大门在景德路北侧。

嘉靖三十三年（1554）又短时间做过督粮道署。后又为巡抚行台、中吴书院等。（苏州园林和绿化管理局编《环秀山庄志》）

王鏊祠大门

明申时行宅园之一

　　明万历年间的内阁首辅申时行（1535—1614），字汝默，是嘉靖四十一年（1562）状元，万历中官至少师兼太子太师、吏部尚书、中极殿大学士。明朝没有宰相，大学士申时行继张四维为内阁首辅，实际上相当于宰相。晚年辞官回苏州闲居，在苏州建有金、石、丝、竹、匏（páo）、土、革、木八处宅园、家庵。据明崇祯《吴县志》第二十二卷《第宅》中记载，申时行宅在黄牛坊桥东，即此地为申时行宅园之一。

　　申氏还在附近不远的乐圃坊即今慕家花园宋代朱长文乐圃旧址处另建园林，名适适园，中有宝纶堂、赐闲堂等，著有《赐闲堂集》。清初，申时行裔孙申继揆（申勖庵）加以扩建，取名蘧（qú）园，园中建来青阁，并养鹤做伴，每宴宾客，双鹤迎门，坐定行酒，双鹤展翅共舞，和鸣久之，以为主人长寿之征，闻名于苏城，魏禧为之作《蘧园双鹤记》。后世常将两地相混。

申时行像

蒋楫『求自楼』飞雪泉

清乾隆年间该地归刑部侍郎蒋楫所有，刑部侍郎相当于现在的副部长。蒋楫，字济川，号方槎，江苏苏州人，乾隆六年（1741）捐修长洲县学，乾隆十四年（1749）捐建吴县御道。蒋重葺厅楼，建求自楼五楹作为自己的藏书楼，以贮存经籍，并自号求自楼主人。并于楼后叠石为小山，掘地三尺余为池，得古甃（zhòu）井一口，并拾得军持数十，军持是古僧人游方时所携带，贮水以备饮用及净手所用的澡罐或净瓶，故知为故值寺之井而久湮塞者。据蒋楫从兄蒋恭棐（fěi）《飞雪泉记》记载："迤俪三穴，或滥或氿（guǐ），不瀸（jiān）不屚（guǐ），合之而为池，酌之甚甘，导之行石间，声瀄（guó）瀄然，因取坡公《试院煎茶》诗中字，题曰：'飞雪'。"（《吴县志》卷三十九上）有泉流出，水清而醇，遂以苏东坡《试院煎茶》诗中"蒙茸出磨细珠落，眩转绕瓯（ōu）飞雪轻"之句，题为"飞雪泉"。遂初具山池泉石雏形。

在乾隆南巡名画《姑苏繁华图》上相当于今天环秀山庄的位置，能看到一座园林，树丛中露出八角亭，透过树梢可以看到假山。

飞雪泉旧址

　　后园归文渊阁大学士孙士毅所得，孙士毅是浙江杭州人，是个上马能击贼，下马会写诗的"文武双全"大臣。为乾隆朝著名的《四库全书》三位总负责人之一，有《百一山房赴藏诗集》。嘉庆元年（1796）卒于军中，赠公爵，追谥文靖。

　　并传至他的长孙孙均（1777—1826），字诂孙，号古云，又号遂初，世袭伯爵爵位，入汉军正白旗，官散秩大臣。工篆刻，又善绘花卉。嘉庆十一年（1806），孙均受和珅案牵连，褫夺旗籍，圣谕命归原籍。君乃奉母南归，寓苏州，悠游林下者二十年。期间所交多名流。"休沐之暇，辄闭有读赐书间，与诸文士讌集，左图右史，琴尊清暇，望之者以为神仙中人。"（清陈文述《颐道堂文钞》卷十三《孙古云传》）。

　　清嘉庆十二年（1807）前后，孙古云延请当时叠山大师常州人戈裕良，在书厅前叠筑太湖石大假山。

清道光末年，园归工部郎中汪藻、吏部主事汪堃（kūn），在此建宗祠及耕荫义庄。

清道光二十六年（1846），苏州望族汪藻、汪堃叔侄（道光二十一年同科进士）购田1000多亩，连同先前族内世锡、世丰等人筹捐的8000银两，买下这处房产，开始筹建义庄（《苏州名门望族》《显志堂稿·卷四》）。清咸丰元年（1851），汪藻之父汪祥芝（字紫仙）又筹捐1300多亩地，钱32500文，同前筹之数建立耕荫义庄和汪氏宗祠。

冯桂芬《耕荫义庄记》曰："东偏有小园，奇礓（jiāng）寿藤，奥如旷如，为吴下名园之一。"（清冯桂芬《显志堂稿》卷四）取名颐园，民间又称为汪园。

东为花园，西为义庄。因园中面山的大厅额名"环秀山庄"，日久遂以堂名呼为园名。汪开祉有联："风景自清嘉，有画舫补秋，奇峰环秀；园林占幽胜，看寒泉飞雪，高阁涵云。"

可见，园内除假山外，有形似画舫的水阁"补秋舫"；奇峰四环、秀色夺人的环秀山庄四面厅、源流不绝，有瀑布之感的飞雪泉，还有名叫"涵云"的高阁，约略可见池馆泉石之胜。

1917年，金天羽应主人汪鼎丞之请作《颐园记》载："溪上有亭焉，实绾山之两口，溪南为堂，颜曰环秀山庄者，以其面山也。苏之城，廛（chán）次而堞比，举薪之户十万家，尘埃嚣然。而一入斯园之门，则镜澜屏碧，纷荂（fū）罨（yǎn）霭（ǎi），

颐园门宕

朝岚倒景，夕彩晕光，隐几寂视，若出云表。其山，皱瘦混成，自趺至巅，横睨侧睇，不显斤斫。"（金天羽《天放楼文言》卷五）

环秀厅堂舫廊、亭台楼阁齐备，现建筑风貌大多形成于汪氏义庄时期。

民国初，义庄和花园又遭驻军损坏。民国七年（1918），汪氏族人昆曲曲家汪鼎丞邀国学大师金松岑等三五友人游园，在园中觞咏度曲，并请金松岑作文，次年金松岑撰《颐园记》，由章钰书，周梅谷分刻两石。当时假山、涧瀑俱存。

历史学家顾颉刚在民国十年（1921）7月游览环秀山庄，看到了壁间金松岑的《颐园记》后，曾记录说："……向闻此山为倪云林所叠，予以丘壑不凡，甚信之。今年复往，读壁间金天翮（即金松岑）记，始知为百年前毗陵戈裕良所叠。谓戈君既叠成，乃自诧嘉狮林而上之。"顾颉刚先生游环秀山庄假山，以为倪云林所叠，看了金松岑的《颐园记》才知道是戈裕良所叠，觉得叠山技艺在狮子林假山之上。

环秀山庄　序章

重浴生火

　　民国十五年（1926）后，汪氏义庄日渐败落，原先常有万余现金存储，除去当年冬购庄田外，尚存五六千金。其后不仅五六千金尽入外人之袋，连庄中门窗器具亦盗卖尽净，乃宣告破产，田也押出。（《苏州明报》1937年1月22日、24日）

　　民国二十五年（1936）9月，刘敦桢、梁思成来苏调查古建筑，曾有记述："自庄门经通道，至东北隅，有门西向，门内建方亭，下为小池一泓，横亘南北；池东假山峥嵘直上，纯用大劈法，其下折为幽谷，深窈婉转，势若天成；池北复构敞轩，一径蛇蟠，经小亭，导至山巅，深树参差，翁郁四合，几忘置身尘市中。"可见此时山池尚完好。

　　此后为中南火柴厂厂主李昆松和经理包熙善的住宅，据《环秀山庄志》记载："山上有大可数围之古樟一枝荫覆全院。飞雪泉淤塞已久，乃改以铅管收全院檐际之水。"至1949年，园内仅存山、池及建筑补秋舫，其余全部颓毁。

　　中华人民共和国成立后，环秀山庄住宅部分由环秀小学使用，由此宅、园分离。1953年11月，苏州市园林修整委员会对年久失修的假山进行抢修，后将西百花巷程宅"海棠亭"移建于花园东墙外侧。

　　1956年，在环秀山庄东墙外空地及阳山珠弄北段，建房成立苏州刺绣工艺美术合作社，阳山珠弄随之成为断头巷，以弄之南半段作为该所出入通道，进出花园亦需从其大门通过。1960年，合作社改为苏州刺绣研究所，环秀山庄及王鏊祠堂均由该所使用。

1963 年 3 月，环秀山庄被列为苏州市文物保护单位。历经多次整修，新制"问泉亭"木构架、重建"半潭秋水一房山"亭。并在 20 世纪 80 年代初，苏州市政府委托苏州市园林管理局负责全面修复环秀山庄，由苏州园林设计院设计，苏州古典园林建筑公司施工。

1981 年，首先修复位于园南临街的明代王鏊祠，拆除祠北围墙，在其西北新建三进仿古建筑，辟为刺绣研究所工作室和工艺美术公司旅游工艺卖品部。

1982 年，环秀山庄被列为江苏省文物保护单位。同年，苏州市园林管理局成立古建、园林抢修指挥部。

1984 年 6 月 1 日，环秀山庄修复工程开始，拆除假山前 1972 年建的两层厂房，按照 1937 年时的照片，恢复了园中主建筑四面厅。根据原有屋基，重建有谷堂及门厅。重建边廊、边楼、涵云阁、问泉亭。另外，整修补秋山房、半潭秋水一房山、园东墙外海棠亭，加固湖石假山，重砌驳岸，清理水池，补栽花木，疏通飞雪泉，铺砌地坪 246 平方米，新砌、整修围墙 200 余米，敷设照明电线。工期历时近一年零五个月，共计建筑面积 754 平方米，于 1985 年 10 月 10 日竣工。

修复工程项目先后获 1988 年苏州市优秀设计奖一等奖、1988 年江苏省优秀工程设计奖、1988 年江苏省城建系统优秀园林设计一等奖、1989 年国家建设部优秀设计三等奖。

1987 年环秀山庄被国务院列为全国重点文物保护单位。

1997 年 4 月，联合国教科文组织专家对其进行实地考察。1997 年 12 月，环秀山庄作为苏州古典园林的典型例证，被联合国教科文组织批准列入《世界遗产名录》。

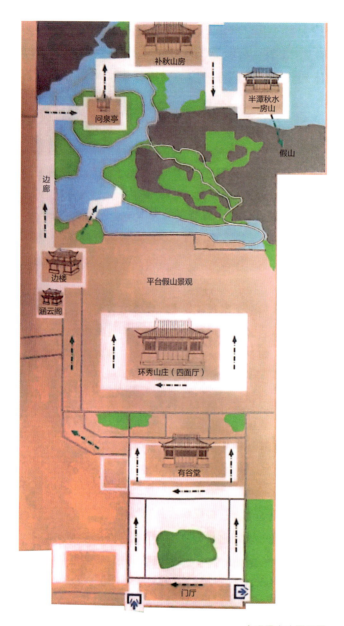

补秋山房

半潭秋水
一房山

问泉亭

假山

边廊

边楼

涵云阁

平台假山景观

环秀山庄（四面厅）

有谷堂

门厅

今环秀山庄平面图

住宅区

环秀山庄住宅坐落在园林南面。

门厅位于王鏊祠堂（今苏州刺绣博物馆）北，硬山顶，面阔三间，进深 3.2 米，台基 11.4 米。梁架为四界，圆木结构。从建筑角度来讲，厅堂是根据其室内四界大梁构造用料样式的不同进行区分的，用扁方料的称为厅，用圆料的称为堂，又称圆堂。此门厅为堂。但在园林中，厅、堂、轩等名称往往比较随意。门厅东西两侧设回廊，下筑砖细坐槛。

门厅北为庭院，庭院中围砌太湖石花台，内植古树。

门厅北庭园湖石花台

庭院北有廊，廊东北有南天竹与峰石小品（庭院东为今入园门）。

南天竹与峰石小品

主住
厅宅

　　门厅北为住宅主厅南的庭院，有庑（wǔ）廊，绕以回廊。东西廊都是茶壶档轩。东廊边植疏竹。

庭院东廊

庭院中种有高大的广玉兰和朴树各一棵。广玉兰有"陆上莲花"之称，原产北美洲东南部，19世纪末引入我国，在当时是舶来的名贵树种。淮军和北洋水师的创始人李鸿章在一次国家危机中，他率领的淮军将士勇敢地奋战，抵御了法国的入侵，表现出了高度的忠诚和勇气。慈禧将外国人赠送的广玉兰赐给了李鸿章，以示奖励，广玉兰也就代表着忠勇和对国家的无私奉献。这棵朴树或许另有来历，因为在住宅主厅前一般都遵循"前榉后朴"的吉祥传统，"前榉后朴"来自谐音"前举后仆"，即前能中个举人，后有仆人跟随，有金榜题名、连连高中的寓意。周边太湖石围砌，体量较大。

宅园主厅南庭院

庭院廊壁辟有多孔漏窗，厅南廊壁上还镌刻着明苏州才子唐寅的梅花图和诗："黄金布地梵王家，白玉成林腊后花。对酒不妨还弄墨，一枝清影写横斜。"

落款："公堂看梅和王少傅韵，吴趋唐寅。"以枯笔焦墨画梅花枝干，皴擦纹理，表现梅枝苍劲虬曲的姿态；以浓淡相间的水墨点画花朵，以谨细之笔画出花蕊，笔法刚健清逸，表现出梅花清丽脱俗的风姿。原图为纸本水墨，藏故宫博物院。

唐寅的梅花图和诗

住宅主厅硬山顶，纹头脊。坐北朝南，面阔三间。梁架用圆料，称圆堂。建筑面积达 82.08 平方米，高大庄重。堂后部设银杏木屏门。南面中间为长窗，东西两边筑半墙，由窗槛、木板加尺栏式木栏杆组成，上有半窗。北面中间为长窗，东西两边为砖砌半墙，上有半窗。堂前设庑廊，廊下筑砖细坐槛。屏门后东西有边门。

前堂悬额"有谷堂"。典出《诗经·大雅·有駜（bì）》："君子有谷，诒孙子，于（xū）胥（xū）乐兮。"中国古代是以谷子的数量来计算俸禄的，故有"谷禄"之说。谷即禄，禄亦是福。清郝懿行《尔雅义疏》："福禄二字，若散文，禄即福。"故原诗意为：君子有福又有禄，福泽世代留子孙，乐在一起真高兴。明王立道《有谷堂》二首之二："陶令归来看五柳，魏公老去有三槐。朱轮翠盖交生荫，须信当年不妄栽。"《论语·宪问》载，原宪向孔子请教，什么是可耻？"子曰：'邦有道，谷；邦无道，谷，耻也'。"即政治清明时食官禄，政治浑浊时食官禄就成为耻辱的事。说明了园主坚持的出仕原则，实际上反映了古代知识分子"达则兼善天下，穷则独善其身"的常规心理。堂名"有谷"，就是说当今政治清明，所以我出

有谷堂

仕领取俸禄，带有歌颂圣明的味道。

有谷堂北庭院进深很浅，庭院东西两侧各植一株白玉兰。白玉兰又名木兰、玉兰、望春花、玉兰花，原产中国中部山野中，花瓣洁白无瑕，一尘不染，寓意着品质的高洁，坚贞守护。有石库门宕通往北面的环秀山庄四面厅。

花园区建筑

花园区的建筑，疏朗有致，布局别开蹊径。厅、舫、亭、楼高低起伏，远近参差，使山外这些观赏点起了由形『步步移』的作用。

主厅
"环秀
山庄"

　　走出有谷堂北天井的石库门宕，就是花园主厅四面厅"环秀山庄"。四面厅坐南朝北，山水园南中央。歇山顶，黄瓜环脊，面阔三间，梁架为五界回顶，扁作较粗，前后川梁，四面绕以进深12.4米的回廊（设木栏杆），屋内进深九檩9.72米，台基14.9米，檐高3.4米。建筑面积达144.83平方米。南北两面各设长窗，可出入。东西两面均筑砖细贴面半墙，上有半窗。

　　此厅面水对山，四周门窗皆为玻璃，环植青松、翠柏、紫薇、玉兰等，面面有画。真是"四面有山皆入画，一年无日不看花"，故以"环秀"为名。额悬"环秀山庄"，为红学家俞平伯先生手迹。

环秀山庄四面厅

厅东门宕砖额"环青"，门联集唐韦庄《中渡晚眺》诗联："千重碧树笼春苑，万缕红霞衬碧天"。描写之景十分优美，色彩明丽，对仗工整。

西门宕砖额"挹秀"，门联集"南宋四大家"之一的范成大《再题瓶中梅花》诗："风袂挽香虽澹薄；月窗横影已精神。"范成大喜爱梅花，他在《梅谱后序》中云："梅以韵盛，以格高，故以斜横疏瘦老枝怪奇者为贵。"

四面厅北部平台上铺设粗犷的冰裂纹，与盈盈数尺水面相互呼应，扩大水面的意境联想。而且，四面厅的东西及南面围廊下也都铺设着粗犷的冰裂纹，令人感到整座四面厅恰似坐落在水中央！

环秀山庄北平台

站在厅前露台，与主山隔水相对，两侧以鸡爪槭（青枫）对植，夏日绿荫如盖，苍翠欲滴；秋时则叶色陡变，醉红撼枝。举目北望山水园，占地约 500 平方米的山为主，池为辅，水萦如带，一亭溪水，一亭枕山，一舫横卧，廊桥勾连，简洁洗练，深得真山水之妙。凝聚了中国传统山水诗、山水画的美学意境，又能融五岳奇峰、括天下胜概于胸中，自成天然画本：

　　山池东面，以高墙为界，三四株老朴，遮云蔽日，形成一道绿色屏障，隔断红尘喧嚣；露台西侧为一堵高墙，"为了打破高墙对小园空间的闭塞与沉重感，依墙贴面修建了一带层阁重廊，建筑进深极浅，虽难作活动之用，但从空间构图，无疑地起了化顽笨为奇秀、变郁塞为空灵，不失为化实为虚、化景物为情思的佳构。"（张家骥《中国园林艺术史》）沿园墙筑边廊、边楼。廊上起楼，廊与楼凹凸收放，参差错落，角度多变，登楼东望，似满目青山。

　　园东北围以高墙，石壁缘墙如云，与外界隔断，高墙上部开漏窗；北屏高墙，空地留出景深，园内建筑依次增高，构成画框，诚如晚清朴学大师俞樾（yuè）为苏州环秀山庄撰联所言："丘壑在胸中，看叠石流泉，有天然画本；园林甲吴下，愿携琴载酒，作人外清游。"

　　露台东侧墙上嵌进了世界文化遗产碑。

天然画本

涵云阁

涵云阁位于花园西、边廊南，和四面厅环秀山庄互为大小、高低衬托；阁实际上为歇山顶两层小楼，坐西朝东，面阔一间。楼倚廊而筑，既与边楼一体，又凸出于边楼。楼下东西筑半墙，上置半窗。西壁面正中开一长方形框窗，中间嵌玻璃，四周装饰花纹木框。北面一半为半墙，上有半窗，一半建门通北面边廊。南面设门两扇，一扇通南边廊，一扇为内楼梯，可登楼。此楼为全园最高处，若登楼推窗，湖石假山扑面而来，古人向来认为，"云触石而生"，故称石为云根，阁如浸润云中，故楼名"涵云"。涵，其本义为水泽众多，此指浸润、滋润。有汪惟韶撰、陈从周书联："流水曲桥通，帘卷风前，山翠环来花竹秀；涵云高阁起，筵开月下，灯红流向画图看。"水池中架曲桥通流水，风吹帘卷，山翠花竹环秀；高阁涵云，月下开宴席，夜晚红灯燃起，交织成一幅山水画。

原涵云阁还有副对联："雨过仰飞流，疑分趵突一泉，恍揽胜大明湖畔；云来张画灯，认取天平万笏，讶探奇高义园前。"下雨时，屋檐滴水流注其下，飞雪泉水飞溅，水声哗哗，简直怀疑眼前之水是分了济南趵突泉的一脉，恍惚在大明湖畔饱览胜景；俯瞰东南假山，群峰耸立，苏州天平山上万笏朝天的石峰，惊讶自己仿佛在高义园探访。内外水脉贯通，源远流长。

涵云阁

边边
廊楼

　　边楼与涵云阁毗连，依园西墙而建，长十几米，上下两层，坐东朝西。梁架为四界，圆堂。建筑面积142平方米。整座边楼凹凸有致，层高错落，南北较长，东西较窄。

边楼·边廊

边楼下边廊墙上有连续多孔形态各异的花窗和书条石。每孔漏窗外框不同，内涵也不同，如蝴蝶纹，蝴蝶的"蝶"与耄耋（mào dié）的"耋"谐音，象征长寿；灯笼纹，"灯"与"丁"谐音，象征多子、光明；书条纹，则富有书卷气；折扇纹，因折扇是日本人模仿蝙蝠而发明，原名"倭扇"，有蝙蝠的"福寿"之意，加上"扇"与"善"谐音、扇有扇扬仁义之风的典故，所以，折扇形漏窗兼具福寿、善于扇扬仁义之风等诸多含义。

漏窗下刻有各式书条石，有明文徵明书《前赤壁赋》四块，行草。明祝枝山书《后赤壁赋》八块，一块行草，七块狂草，文气盈盈。

各式花窗和书条石

　　廊北还有一孔葫芦套栀子花纹的漏窗。葫芦含义很丰富，中国古代神话传说认为，葫芦是天地的缩微，里面充满着灵气。民间既将它视为一种避邪镇妖之物，葫芦藤蔓绵延，"累然而生，食之无穷"，籽粒众多，数而难尽，因此被取作绵延后代、子孙众多的象征。"葫芦"与"福禄"谐音，象征福禄，等等。栀子花则赋予其喜悦、坚强、永恒的爱、一生的守候等诸多含义。栀子花从冬天就开始孕育花苞，但是直到夏季才会开花。历经秋凉、冬寒、春季的不稳定气候，夏季才绽放出洁白的花；栀子花的叶四季常绿，似乎一生的守候是最美的寄托也是爱情的寄予。

葫芦套栀子花纹漏窗

问泉亭

　　循边廊北行数步东折，步上跨水直廊桥，桥面铺花岗石条，两侧桥栏为木质栏杆，至问泉亭。亭平面方形，梁架为三界回顶，荷包梁。檐高 3.24 米。亭四周设砖细坐槛，上有吴王靠。歇山顶，高翘的戗角上卧着梅花柔枝，和亭子前后伸出的遒劲的松枝，恰成一幅立体的松梅图，美丽古雅；亭位于园西北两假山之间的池水中，临池一面作石壁，上有摩崖"飞雪"二字，壁下有泉，泉水清澈，雨后瀑布奔腾而下，犹如飞雪。水从西北面假山高处直泄而下，流入涧谷、山岭，亭与泉相对，一个"问"字，采用拟人的修辞方法描写人与水、人与山的关系，宛若点睛。

　　有唐寅题画竹联曰："小亭结竹流青眼，卧榻清风满白头。"小亭边的翠竹对我投来友好的眼光，清风吹卧榻，榻上躺着的是满头白发人。白头人对青眼友，格调淡雅，但颇着凄清之情。

问泉亭

补秋舫

　　从问泉亭北侧跨水廊桥，就走进了横卧在北山麓靠着园墙的舫形建筑补秋舫。坐北朝南，东西走向，面阔三间，梁架为五界回顶，圆堂、硬山顶，黄瓜环脊。建筑面积46.24平方米。舫南面下筑矮墙，上置较高半窗，均装饰海棠图案。北面下部筑半墙，中间置较高半窗，上部为横风窗，均装饰海棠图案。东西两壁面各开一较大长方形框景窗，框窗内安装玻璃，装饰海棠图案。

补秋舫外

　　此舫面山临水而筑，形如舟楫，四面开敞，又称补秋山房，南面澄清的溪水、常青的树木、参差的峰石，东门宕书卷形砖额"凝青"，浓得化不开的青翠之色。这里，窗下是碧水凝青，门东绿树凝青。西门宕书卷形砖额"摇碧"，"池光摇碧漪"，窗外恰好是流水，可以饱览花池摇碧影，还可风中时听飞泉声。"凝青""摇碧"，概括全园景色。其西为飞雪泉石壁，涧有步石，极险巧。

　　身坐"补秋舫"内，南有枫树，可在秋日赏叶，东有芍药殿春，并与山南四面厅遥相呼应，构成对景。舫内有乾隆状元潘世恩撰对联描写了周围的美色："云树远涵青，偏数十二阑凭，波平如镜；山窗浓叠翠，恰受两三人坐，屋小于舟。"高入云间的大树远远地涵蕴着青色，数遍十二栏杆，只见溪水波平如镜；窗外青山层层浓翠，小舫恰好可坐两三个人，屋比船小。补秋舫是形如画舫的水阁，身坐其中，使人想象到似乎坐在一艘徐徐穿行于山壑间的画船上，别有一番静中之动趣。"恰受两三人"，用杜甫《南邻》诗之意，"屋小于舟"，则取唐司空图《二十四诗品》，意含"人淡如菊"之意。

　　汪惟韶撰"隔院听黄鹂，最宜芟尾花开，四壁凝香帘半卷；新醅（pēi）浮绿蚁，恰好醒心泉澈，一炉飞雪酒初温"，隔院有"黄鹂坊巷"，山庄内有芟尾花，窗帘半卷，具有强烈穿透性的花香便扑进室内。此时，温热了清澈的"飞雪泉"水新酿的酒，真是"绿蚁新醅酒，红泥小火炉"，可以饮酒看花听好音。补秋舫前旧时曾种植有许多芍药花，春末之际，花开如锦，其中有一种开纯白花色的，名曰"月下素"，弥足珍贵。金天羽曾与汪鼎丞在此度曲，"笛声摇曳出翠微间，而涧瀑自墙外来，应节相和，时玉梅二株方怒花，辛夷亦垂垂坼，馨无算爵，宾主尽欢"（金天羽《颐园记》）。

补秋舫北与北墙
之间隔一小天井，天
井的东西两头辟两个
造型相同的宝瓶门，
既使补秋舫四周通透，
面面有景，又寓意着
"平平安安"，是非常
美妙的一笔。

补秋舫北两宝瓶门

"半潭秋水一房山"亭

补秋舫东侧枕山一方亭，乃"半潭秋水一房山"亭，平面方形，坐北朝南，四角攒尖，砖细宝顶。亭四周设坐槛，砖细贴面，仅南面坐槛上有吴王靠。东西北三面有通道。

"半潭秋水一房山"亭

方亭位于花园东北隅，主山峰之后，使主体山峰更为突出、高大。小亭西侧有小崖石潭，意境全取《水经注·三峡》中描写的"素湍绿潭，回清倒影"，即雪白的急流，碧绿的深潭，回旋着清波，倒映着各种景物的影子。故取唐李洞《山居喜友人见访》诗的意境："入云晴属茯苓还，日暮逢迎木石间。看待诗人无别物，半潭秋水一房山。"命名该亭为"半潭秋水一房山"。亭中看山，峦崖入画，"池塘倒影，拟入鲛宫"。山势一直绵延至东北边界围墙。

枕山面水

125

半潭秋水一房山亭东北，屹立一峰，是花园唯一独峰，体态袅袅有瘦、透的特色。

独峰

假山区

构石为山
戈裕良

花园以山为胜，独步天下。所以，在欣赏此假山之前，先了解一下，中国园林为什么都要叠山呢？因为中国是农业大国，崇拜土地，而石头是土地的精华，三国杨泉《物理论》说："土精为石，石，气之核也。气之生石，犹人筋络之生爪牙也。"宋孔子的四十六代孙孔传《云林石谱·序》也说："天地至精之气，结而为石，负土而出，状甚奇怪，或岩窦透漏峰岭嶒棱……"基于土地崇拜，自古以来，崇石崇山。木、火、土、金、水五种元素，称为五行，是中华先祖对事物认识的科学的方法论，也是中国古代哲学思想的重要内容。中国传统的五色体系把青、白、红、黑、黄视为正色，对应着木、

戈裕良画像

五行中"土"位居中央

金、火、水、土五行，中土为中心，黄色最尊。

石为云之根，山之骨，石积为山，为大地之骨柱，是人间神幻通天之灵物。《礼记·祭法》曰："山林川谷丘陵，能出云，为风雨，见怪物，皆曰神。"古人认为主宰神灵世界、至高无上的神仙在人间的住所就是巍峨的高山。仚（xiān），古同"仙"。《说文》载："仙，人在山上貌，从人山。"

农耕文化重视自然秩序，遵循人与自然和谐相处的规律，认为未经人类加工改造过的自然物，能直接唤起人的美感。因此，那些溯源于太古时代、经大自然鬼斧神工的石头是美的，"爱此一拳石，玲珑出自然"，石聚山川之灵气，孕日月之精华，具有一种返璞归真的自然美。

东晋陶渊明高吟"少无适俗韵，性本爱丘山"，崇尚自然、迷恋山水，向往与大自然的融合，自晋以来，就成为我国文人审美心理的重要特征。他们复归自然，是为了在自然中去寻找安慰和共鸣，寻找失落了的自我，从中补偿在现实社会中得不到满足的社会审美情感，最后获得精神的超脱。

清初李渔在《闲情偶寄·山石》说："幽斋磊石，原非得已。不能致身岩下，与木石居，故以一卷代山，一勺代水，所谓无聊之极思也。"明文震亨《长物志》称："一峰则太华千寻"，具宁静致远之力，人与石可以彼此感应交泰。这就是中国园林为什么无园不石的根源所在，而名园则都以叠石为胜。

早在汉末，人们就开始在园内"构石为山，高十余丈，连延数里"。六朝以来士大夫自然山水园逐渐成为主体，用堆叠假山来营造宛若自然的山林氛围，或"多聚奇石，妙极山水"或"积石种树为山"，东晋已经有板筑为山。中唐造园家提出"巡回数尺间，如见小蓬瀛"的美学要求，宋代出现了以叠山为主景的皇家园林"艮岳"。宋末周密《癸辛杂识》记载卫清叔吴中之园有"一山连亘二十亩，位置四十余亭"者。

清初李渔《闲情偶寄·山石》论掇山云："然能变城市为山林，招飞来峰使居平地，自是神仙妙术，假手于人以示奇者也，不得以小技目之。且磊石成山，另是一种学问，别是一番智巧。"又说："至于累石成山之法，大半皆无成局，犹之以文作文，逐段滋生者耳""故从来叠山名手，俱非能诗善绘之人，见其随举一石，颠倒置之，无不苍古成文，迂回入画，此正造物之巧于示奇也"。

明清时期出现了一批擅叠山的专业构园家，清钱泳的《履园丛话》卷十二"艺能"篇记载了清代江南出现的筑山名家："国初以张南垣为最。康熙中有则有石涛和尚，其后则有仇好石、董道士、王天於、张国泰，皆为妙手。"他们皆精画艺、通画理、擅叠山，并善于把文人画追求意境的情趣作为园林的追求目标。"一峰则太华千寻""咫尺之间有千里万里之势"，成为中国古代园林假山的基本艺术个性，园林假山形貌从模仿大自然中的真山造型，到"搜尽奇峰打草稿"，经历了一个发展提高的过程，既具自然山峦的种种形态和神韵，又具有高于自然的文化意韵。

钱泳在《履园丛话》卷十二中特别提到："近时有戈裕良者，常州人，其堆法又胜于诸家。尝论狮子林石洞皆界以条石，不算名手，余诘之曰：'不用条石，易于倾颓奈何'戈曰：'只将大小石钩带联络，如造环桥法，可以千年不坏。要如真山洞壑一般，然后方称能事。'余始服其言。"

环秀山庄假山正是这位"堆法又胜于诸家"的戈裕良所叠。戈裕良在前辈叠山"遗规"基础上，独具心裁，成为轶群妙手。那么，张南垣、计成和石涛诸家的遗规是什么？

张南垣（1587—1671），名涟，字南垣，以字行。小时候跟董其昌学过画，而且能"尽得其笔法"。明王世祯称，（张南垣）"以意创为假山，以营丘、北苑、大痴、黄鹤画法为之……经营惨淡，巧夺化工"（明王世祯《居易录》卷四），"君治园林有巧思，一石一树，一亭一沼，经君指画，即成奇趣，虽在尘嚣中，如入岩谷。"

（清戴名世《张翁家传》见《戴南山集》卷七）这"巧思"正是"画意"：吴伟业"遂以其意垒石，故他艺不甚著，其垒石最工，在他人为之莫能及也。"（清吴伟业《张南垣传》，见《四部丛刊》本《梅村家藏稿》卷五十二）昔人诗云："终年累石如愚叟，倏忽移山是化人。"

　　张南垣筑园叠石崇尚自然，筑园前必先看地形，再根据地形地貌、古树名木的位置巧作构思，随机应变设计图纸，谓之胸中自有成法。他主张因地取材，追求"墙外奇峰、断谷数石"的意境。筑山以土为主，故所筑名园、所叠假山用石较少，匠心独运，给人以自然天成之感觉，被称为"土包石"筑园法，别具一格。他所筑的园林，往往有山水画意，园内盆池小山数尺中岩轴变幻，溪流飞瀑，湖滩渺茫，树木葱郁；而点缀其中的寺宇台榭、石桥亭塔、一槛一栏，皆入诗入画，生动传神，令观者流连忘返。张南垣开创了一个时代，创新了一个流派。清张英《吴门竹枝词》："一自南垣工累石，假山雪洞更谁看。"诗尾自注"张南垣工累石，不为假山雪洞而自佳。"他颠覆了原有的高峰大岭式的创造方式，将元代以来就出现的写意园林推向了高潮。纵观我国二十五史，张南垣是以造园叠山艺术成名得以写入《清史稿·艺术列传》专传的唯一一位。

　　无锡寄畅园假山是张南垣及其传人作品中时间最早的一例，传承了张南垣造园理念的精华，营造出真实山林的境界。

寄畅园假山

　　计成是半道改行，写《园冶》时，张南垣早已是名满天下，故曹汛先生称："张南垣的造诣成就、贡献和影响，远远超过计成。计成的一些观点，如强调土山之类，明显是受了张南垣的影响。"如《园冶·掇山》中有"岩、峦、洞、穴之莫穷，涧、壑、坡、矶之俨是；信足疑无别境，举头自有深情"的名句，都是受到张南垣的影响。

　　大画家石涛（1642—1708），明皇室后裔，清初画家，原姓朱，名若极，倡"一画"说："太古无法，太朴不散，太朴一散，而法立矣。法于何立？立于一画，一画者，众有之本，万象之根，见用于神，藏用于人……一画之法，乃自我立，立一画之法者，盖以无法生有法，以有法贯众法也。"（清石涛《石涛语录》《一画章》第 1）并说："且山川之大，广土千里，结云万重，以一管窥之，即飞仙恐不能周旋也，以一画测之，即可参天地之化育也。"（清石涛《石涛语录》《一画章》第 8）就是将创作法则化为己用，面向自然，入而能出，以意命笔，总揽无数线条，高度丰富了"绘事

后素"中白色线条界划若干色面，以成其文的这一基本法则，充分地表达自己的独特感受。（伍蠡《中国画论研究》）

　　石涛将画化作扬州小园"片石山房"。石涛提出"皴有是名，峰亦有是形"，皴本是中国画中根据各种山石的形质提炼概括出来的一种用笔墨表现阴阳脉理的特殊线型技法，石涛所说的皴法，已不单纯只是一种笔墨技巧，而是根据表现对象即山石的不同形质，有不同的皴法。他精心选石，再根据石块的大小、石纹的横直，分别组合模拟成真山形状，运用"峰与皴合、皴自峰生"的画论指导叠山，叠成"一峰突起，连冈断堑，变幻顷刻，似续不续"的形态，这座石山被誉为石涛叠山的"人间孤本"。

片石山房

戈裕良家境清寒，年少时即帮人造园叠山。此后，吸收了张南垣叠山艺术精华和石涛"峰与皴合，皴自峰生"的画理，自创叠山"钩带法"，即运用环桥法将大小石钩带联络如造环洞桥，用少量的石，创造了体形大、腹空、中构洞壑、涧谷的假山，既逼肖真山，又可坚固千年不败。

曹汛称戈裕良叠山既有"张（涟）氏之山"浑然一体的气势，又有嘉道年间精雕细凿的心裁，开创了乾隆、嘉庆年间假山的一种风格。

嘉庆八年（1803）秋季，清代著名学者洪亮吉写诗赞誉戈裕良"奇石胸中百万堆，时时出手见心裁"。将他和明末清初最杰出的造园叠山艺术家张南垣并提，称之为"三百年来两轶群"。

山重水复
势若天成

　　戈裕良构园，师法自然，因地制宜，就地取材，以山水画和真山真水为蓝本，环秀山庄假山，据说是以苏州大石山为蓝本，而又自出机杼。巧夺天工，把自然山水中的峰峦洞壑概括提炼，使之变化万端，崖峦耸翠，池水相映，深山幽壑，势若天成，山石皴法悉符画理，其意兼宋元画本之长，宛转多姿，浑然天成。

假山自然蓝本苏州大石山

　　环秀山庄花园面积达全园的三分之一，占地近半亩。计成有"池上理山"是园林第一妙景之说，戈裕良亦为"池上理山"，但却以山为主，以池为辅，亦成妙境。花园用太湖石堆叠的主客二山为画面主景：

　　池东为主山，峰高 7.2 米的主峰突起于前，叠成崖峦状突兀于前东南，动势朝向西南，缀以三座低峰环卫陪衬。主山的前山与后山间有两条幽谷，一为从西北向东南的山涧，一为东西方向的山谷，涧谷汇合于山之中央呈丁字形，把主山分割成三部分。山势组合外合内分，外观雄浑凝重，湖石模仿太湖石涡洞相套的形状，涡中错杂着各种大小不一的洞穴，洞的边缘多数作圆角，少数有皴纹，和自然真山接近。外观浑然天成，整体合一，不以单峰取姿，而以势取胜，内部则蕴合洞穴、峡谷、天桥、蹬道、涧流、石室等。前后左右呼应，山势起伏，似乎群山奔注，伏而起，突而怒之气势，表现了岭之平迤，峰之峻峭，峦之圆浑，崖之突兀，涧之潜折，谷之深邃等山形胜景，远近高低总不同，咫尺之地有千里之势，为崇山峻岭名山大川之缩影。

雄浑凝重的主山

客山拱揖于西北角补秋舫西侧，紧贴围墙设半壁山崖，从后面小院可进入。山崖耸立，峰石参差，道路崎岖，山顶与边楼相接，拾级下山有溪涧一道，涧侧即石壁，壁下即为泉水，涧有汀步，极其险巧，"似乎处大山之麓，截溪断谷"（张南垣语），紧贴墙角忽然断为悬岩峭壁，止于池边。

客山山涧

主次两山，气势连绵，山脉贯通，险处突然断为悬崖。磴道与洞流相会处，仰望一线青天，俯瞰几曲清流，如置身于万山之中。把这咫尺小山烘托得雄奇峻峭，有千里之势。

今池水回曲于十米左右的涧谷之中，水萦如带缭绕于两山之间，迂回曲折，并沿山洞、峡谷渗入山体的各个部分，缠绵相交，互相依存，刚柔相济，阴阳结合。

池水与山根相接，环绕西南，形成不规则水池。池岸脚上实下空，表面有涡、有洞、有透、有漏，形成一个个小穴，挑出巨大太湖石，宛如天然水窟，水在石下，深邃幽黑似泉源，达到宋元山水画"溪水因山成曲折，山溪随地作低平"的意境。

水萦如带

陈从周先生说："园初视之，山重水复，身入其境，移步换影，变化万端。概言之，'溪水因山成曲折，山蹊随地作低平'，得真山水之妙谛，却以极简洁洗练之笔出之。"

左思《招隐诗》："山水有清音，非必丝与竹。"流水的清音像丝竹琴瑟之声。陆机《招隐诗》："山溜何泠泠，飞泉漱鸣玉。"将泉声比喻为"鸣玉"之声。何绍基集唐上官婉儿诗联曰："风篁类长笛，流水当鸣琴。"清张潮《幽梦影》说："水之为声有四：有瀑布声，有流水声，有滩声，有沟浍声。风之为声有三：有松涛声、有秋叶声，有波浪声。雨之为声有二：有梧叶荷叶上声，有承檐溜竹筒中声。"

为了获得"枞金戛玉，水乐琅然"的艺术享受，我国古典园林中十分注重因地借声来丰富园景，不借丝竹管弦之声，而从水中引出音乐，用清幽的自然声响包容静悟的人生哲理，从而创造最清高的山水之音。

环秀山庄花园西北隅石山山涧有步石，极其险巧。拾级而上，可盘旋至山西侧边楼，下雨时，屋檐滴水流注其下，在山涧北口筑小坝，水满自溢。水流飞溅，水声哗哗。

东南主体石山东侧瀑布已不存，但瀑布痕迹犹存。

神游假山

假山上层以环道出之，绕以飞梁，越溪渡谷，组成陈从周所说的重层游览线，我们可以通过不同的路径去游赏假山。

这里，我们先从位于园东北的"一亭秋水一房山"亭上土坡，主峰在南，峦头叠有通道，为洞上之洞，亦为苏州古典园林中所仅见。穿过峦头通道，过湖石叠成的山涧石梁，左瞰池水，右临曲涧。石壁占地甚微，却有洞、壑、涧、谷、悬崖，构筑自成一体，又与主山呼应。土坡上的散点叠石次峰一起映带主峰，余脉不尽。

假山主峰

假山顶山径长 60 余米，道上铺设宝剑、蒲扇、洞箫、葫芦、阴阳板等暗八仙图案，寓含避邪纳吉，有与神同在、仙气来临之意。路径盘旋，忽上忽下，犹如泰山十八盘，盘盘有景，景随人移。

八仙是道教供奉的八位散仙，明代吴元泰小说《东游记》确定为吕洞宾、何仙姑、张果老、蓝采和、韩湘子、曹国舅、汉钟离、李铁拐八人。据说八仙分别代表中国人的男、女、老、少、富、贵、贫、贱等八个方面，形成了符合各个社会阶层及各行各业、百姓人家共同喜好的神仙。暗八仙是八位神仙所持器物组成的一种吉祥图案。因只见神仙手持的器物而不见仙人，故称之为"暗八仙"。这类图案出现在园林里，旨在用以表示神仙来临之意，象征喜庆吉祥，有祝颂长寿之意。

芭蕉扇

汉钟离手不离扇，慢摇葵扇乐陶然。汉钟离原名钟离权，据说原为汉朝大将，后遇到铁拐李的点化，入山修炼得道，下山后飞剑斩虎，点金济众，最后与其兄简同日升天成仙。因其自谓生于汉，遂称汉钟离。他所持的玲珑宝扇，能起死回生，驱妖救命。用于铺地图案，有驱邪行善之意。

荷花

鱼鼓

何仙姑的荷花。何仙姑为八仙之中唯一女仙。13岁时，入山采茶，遇吕洞宾。后梦神人云：吃云母粉，可以轻身且长生不死。遂誓不嫁，渐绝五谷。每日朝出，往来山谷，轻身飞行。荷花亦称莲花，莲花在佛教上被认为是西方净土的象征，"荷花洁净不染尘"，它出淤泥而不染，濯清涟而不妖，中通外直。人们将荷花喻为君子，给人以圣洁之形象，可修身禅静。

鱼鼓是张果老所持宝物。张果老是八仙之中唯一不是被别人度成仙的。常倒骑白驴，日行万里。鱼鼓，能星相卦卜，灵验生命，所谓"鱼鼓频敲传梵音"。

吕洞宾身背宝剑，剑透灵光鬼魄寒。吕洞宾，名岩，号纯阳子。传为唐人，头顶华阳巾、身穿白长衫，学究气十足。相传吕洞宾进士落第后遇钟离权，钟离于炉上煮黄粱饭，授枕予洞宾睡，梦见自己中进士、当官、升侍郎、成亲、为宰相、被诬害、获罪、家破人亡、穷困潦倒，倏忽来，黄粱犹未熟，方知贵不足喜，贱不足忧，人世间不过一场梦。遂弃家，拜钟离权为师，入终南山修道，世称纯阳祖师。吕洞宾有一口阴阳剑，得道后曾云游江淮，斩蛟除害，寓意驱邪、赐福，所持天盾剑法，有镇邪驱魔之能。《能改斋漫录》卷十八记吕洞宾自传曰："世言吾卖墨，飞剑取人头，吾甚哂之。实有三剑，一断烦恼，二断贪嗔，三断色欲，是吾之剑也。""剑"不是道教的斩妖剑，而是从佛教斩心魔的慧剑。

阴阳剑

洞箫为韩湘子所持，韩湘子名韩湘，韩愈之侄孙。自幼随吕纯阳学道，后登桃树堕死而尸解登仙。韩湘子掌握箫管，紫箫吹度千波静，妙音萦绕，万物生灵之能。

花篮为蓝采和所持宝物。蓝采和得钟离权度化成仙。他常行歌于市中乞讨，手持大拍板长三尺余，似醉非醉，歌皆神仙脱世之意。蓝采和常提花篮，"花篮尽蓄灵瑞品"，篮内的神花异果，能广通神明。

假山上层绕以鸟道，可以远眺近观、俯瞰，似乎千岩万壑，山洞上一架飞梁，陈从周先生认为此手法出于晚明周秉忠（时臣）。

飞梁（虞俏男 摄影）

从后山自山涧峡谷的悬崖步石盘旋而下，旁依高耸峭壁，夹峙如一线天，俯则清流几曲。并有西北次山对景，越显得曲折幽深的峡谷气氛。

突现山洞洞口，经小径入洞室，直径在3米左右，高约2.7米。设石桌石凳，可供坐息。叠石之法，以大块竖石为骨，用斧劈皴法出之，刚健矫挺，以挑、吊、压、叠、拼、挂、嵌、镶为辅，计成所创"等分平衡法"，至此扩大之。戈氏重叠石，突出使用，下脚石以黄石为之，骨架确立，以小石掇补，正画家大胆落墨，小心收拾，卷云自如，皴自峰生，悉符画本，其笔意兼宋元山水画之长。戈氏承石涛之余绪，洞悉拼镶对缝之法，故纹理统一，宛转多姿，浑然天成。

悬崖步石和洞室

戈裕良用小石掇补之法，正是他自创的"钩带法"："只将大小石钩带联络如造环桥法，可以千年不坏，要真山洞壑一般，然后方称能事。"

就环秀山庄的山洞而言，山顶采用发券起拱的穹窿顶或拱顶结构处理，洞内再现了我国喀斯特地貌的自然之美。喀斯特地貌是指石灰岩受水的溶蚀作用和伴随的机械作用形成各种地貌：石芽、石沟、石林、溶洞、地下河

洞下水道

等，仿佛看到桂林山水和路南石林。逼真而又坚固。石室洞壁有数孔，能通风、采光，洞下水道通达水面，上下天光，映入洞中，偶然还能看到水中红鲤游动，意境别致。

石室洞壁上，还设计若干小洞孔隙，辟有一孔较大的"天窗"，不仅利于日照的散射与折射光线，更妙的是，还将边楼倩影框成景。

洞内天窗框景

沿溪岸用湖石钩带而出的悬崖曲折盘旋而行，沿峭壁散置步石作栈道，恍如行走在川蜀古栈道上，有千里之势，其下深壑，曲洞横贯崖谷，宛似三峡，盘旋上下，山势峥嵘峭拔。薜荔、何首乌等野生藤萝，成丛成簇，时断时续，垂挂于水际，与矶岸洞穴混为一体，池水宛如从中弥漫而出，显得幽深。

犹观黄公望富春江山水画，峰峦叠翠，松石挺秀，云山烟树，

147

沙汀村舍，布局疏密有致，变幻无穷，以清润的笔墨、简远的意境，把浩渺连绵的江南山水表现得淋漓尽致，达到了"山川浑厚，草木华滋"的境界。

金松岑《颐园记》赞曰："凡余所涉天台、匡庐、衡岳、岱宗、居庸之妙，千殊万诡，咸奏于斯!"诚不虚也。

戈氏叠山以土辅之，山巅能，广植林木，以黑松、青枫、女贞、紫薇等为主，或亭亭如盖，或从石缝中横盘而出，石缝中攀缠着藤萝野葛，体型大的观叶青枫位于中点，观花的紫薇斜出壁外，常绿的翠柏作为背景，秀丽与古拙相映互辉，所栽不多，却具有浓郁的山林气氛。假山上高树在西，夕阳残照树，树影打在东墙的白壁上，风吹树影动，"高林弄残照，晚蜩凄切"! 路径盘曲，回风习习，"青嶂度云气，幽壑舞回风。真乃山神助我奇观! 唤起碧霄龙"! 造就了"咫尺山水"而有千里之势的意境。

高林弄残照（郑可俊 摄影）

尾
声

戈裕良所叠假山，达到我国古典园林叠山艺术的巅峰，美轮美奂，不仅独步江南，且独步寰宇！

刘敦桢认为：“苏州湖石假山，当推此为第一。”（刘敦桢《苏州古典园林》）陈从周先生以中国诗歌史上的双子星座李白和杜甫的诗相比方：“环秀山庄假山，允称上选，叠山之法具备。造园者不见此山，正如学诗者未见李杜。诚占我国园林史上重要一页。”（陈从周《苏州环秀山庄》，见南京博物院《文博通讯》第 19 期 1978 年 5 月）

曹汛则赞之：“是我国现存全假山当中难能可贵的‘神品’。”（曹汛《中国园林》1986 年第二期《叠山名家戈裕良》）并总结道：戈裕良叠山不拘泥一格，而是视园庭地势环境，变换手法，达到宛转多姿的艺术效果，山石的开合、收放、虚实、明暗相宜，变化层出不穷。既有“张（涟）氏之山”浑然一体的气势，又有嘉道年间精雕细凿的心裁，尤其是环秀山庄的假山，可以说是我国现存湖石假山当中难能可贵的“神品”。戈裕良的故去，标志着我国古典园林叠山艺术的终结。（曹汛《戈裕良传考论》）

环秀山水园的东侧有门，跨出东门，就能见到位于该门北侧的国宝级建筑“海棠亭”。这是清康熙年间的香山匠人留下的绝活。《吴县志》载：“某甲，香山名匠，以造海棠亭著于时，亭式如海棠。四面窗槛亦就其式为之，钩心斗角，雕镂精细，东西两门均能自开阖，入者相距一步余，门既豁然洞开，既入，门自阖，不烦人力，出亦如此，年久机坏，遍征丁匠，无敢应者。”

奇妙的是，人要登亭，距离亭子一步，门即豁然洞开，进入后门即砰然关闭，不烦人用手，就像今天流行的电子自动门，技艺高妙绝伦，叹为观止。更令人惊讶的是，“四顾谛审，莫知其机关何在？”今因年久而机关损坏，遍征工匠仿修，都无从下手，不知坏在哪里？据说，机关就埋在假山中，但不敢拆开假山，恐怕

海棠亭

不能还复旧观。该建筑形式无疑是国内孤例。

海棠亭亭式如海棠，柱、枋、四面窗栏亦以海棠为基本构图，勾心斗角，雕镂精细。亭的藻井、宝顶等装修都如硕大的海棠。

亭式如海棠

据陈从周先生考证，《吴县志》所载的"某甲，香山名匠"为清康熙间香山名匠徐振明（陈从周《中国园林·园史偶拾》）。徐振明聪明伶巧，善于思索，勇于创新。他"平生不事酒食征逐"，每月散工后，独自"闭门寂坐，思创一奇制，以鸣于天下"。

他还决心创造一种"飞车"，能飞越河面。画成了设计稿，便"按图操斫，有不合者削之，虽百易不悔"，终于制成了一辆"飞车"，其形像"栲栳椅子式，下有机关，齿牙错合，人坐椅中，以两足击上下之，机转风旋，疾驶而去；离地尺余，飞渡港汊不由桥"。

徐正明对此并不满足，准备在此基础上进一步改进提高，使它起飞时能"高过楼屋，能越太湖面四五十里，往来（西山）缥缈、（东山）莫厘峰"。但因徐正明整天沉浸于造"飞车"，不事生产，致使家中"无担石储"。为了养家糊口，他不得不几次暂停试制，到苏州城里去做工。当时，徐正明在苏州很有名气，因而"工肆闻其出山，争致之，丰其薪俸"。而徐正明稍有积蓄，便又回家继续试制。最后，穷得家中连锅也揭不开，他本人也因年老多病死去。妻子责怪他一生精力全部耗尽在"飞车"上，遂"斧之付炊"，砸碎了当作木柴烧掉，"其制遂绝焉，莫考"，真叫人遗憾万分（李嘉球《香山帮点将录》）。

惊艳一瞥，足以让你回味无穷，齿颊生香！